新・小学生の英検3級合格トレーニングブック

[新形式対応版]

斎藤 裕紀恵・石川 滋子・永澤 侑子 著

アルク

小学生のみなさん、そしてご家族のみなさんへ

　ここ数年、急激なグローバル化の波が押し寄せています。その流れに伴い、国際共通語である英語の必要性がますます高まっています。これから英語を始める小学生のみなさんや、すでに英語を学び始めている小学生のみなさんに、コミュニケーションツールとしての英語を身につけてほしいという思いで、私たちは『新・小学生の英検3級合格トレーニングブック』をつくりました。この本は試験対策ができるだけでなく、自分のことを話したり、書いたりするアウトプットの機会を多く取り入れ、英語でのコミュニケーション力を向上させることも目標としています。また、自立した英語学習者を育てることをふまえ、学んだことを自分自身で振り返るための記入欄をもうけ、小学生のみなさんが1人でも勉強できるように工夫しています。

　みなさんにとってこの本が、将来、グローバルな舞台で活躍するための第一歩となればと筆者一同願っています。

斎藤裕紀恵、石川滋子、永澤侑子

アンディーとルーシー、
ぼくチャーリーは
宇宙のはるかかなたにある
「英語の星」からやってきたんだよ。
みんなのトレーニングの
おてつだいをするから
よろしくね。

Andy（アンディー）　　ロボット Charlie（チャーリー）　　Lucy（ルーシー）

『新・小学生の英検３級合格トレーニングブック』では、「聞く」「話す」「書く」「読む」の英語の４つの力を総合的にのばしながら、「英検」３級の合格をめざします。

◎トレーニングのページ

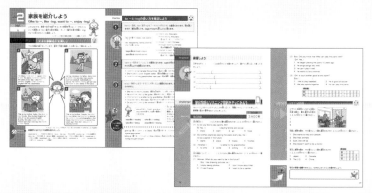

各 Unit は「英検」３級の試験によく出題される日常生活での場面や話題をテーマに、４ページで構成されています。最初の２ページでそのテーマにそった重要表現やポイントを学習した後、次の２ページで「英検」同様のマークシート形式の問題に挑戦してみましょう。英文はすべて、発音に注意しながら声に出してくり返し読みましょう。🎧 01 のマークがあるところでは音声を聞きます。

◎予想問題、面接練習のページ

最後に本番の試験と同じ形式の「予想問題」に挑戦しましょう。巻末にはこの問題に使う解答用紙もあります。試験当日と同じように時間を見ながら解いてみてください。二次試験の面接練習用の問題も２種類用意しました。音声を使って挑戦してみましょう。

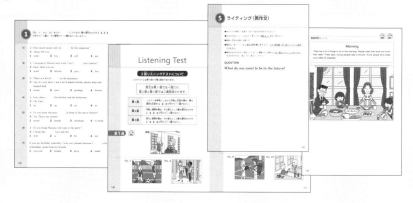

もくじ

「英検」3級のトレーニング

音声トラック情報　※音声の聞き方は 12 ページをご覧ください。

トラック番号	収録内容	トラック番号	収録内容	トラック番号	収録内容
01	はじめに確認しておこう	28 〜 30	Unit 9	61	まとめて身につけよう (3)
02 〜 04	Unit 1	31 〜 32	Unit 10	62 〜 64	Unit 18
05 〜 07	Unit 2	33 〜 40	まとめて身につけよう (2)	65 〜 67	Unit 19
08 〜 10	Unit 3	41 〜 43	Unit 11	68 〜 70	Unit 20
11 〜 13	Unit 4	44 〜 46	Unit 12	71 〜 73	Unit 21
14 〜 16	Unit 5	47 〜 49	Unit 13	74 〜 76	Unit 22
17 〜 18	まとめて身につけよう (1)	50 〜 52	Unit 14	77 〜 82	まとめて身につけよう (4)
19 〜 21	Unit 6	53 〜 55	Unit 15	83	Let's Try
22 〜 24	Unit 7	56 〜 58	Unit 16	84 〜 86	予想問題
25 〜 27	Unit 8	59 〜 60	Unit 17	87 〜 90	二次試験

英検®3級を受験する前に

「英検」3級を受験する前に、試験日程や試験の時間、試験形式、内容などの情報に目を通しておきましょう。3級は、中学卒業程度の英語力を確認できる試験です。

◎ 試験日程

試験は年に3回行われます。日程・受付期間は年により前後します。

	第1回検定	第2回検定	第3回検定
一次試験日	5月～6月	9月～10月	1月
受付期間	4月～5月	7月～9月	11月～12月
二次試験	7月	11月	2月～3月

◎ 一次試験当日のスケジュールと持ち物

入場開始時間は 13:05、終了時間（目安）は 16:00 頃です（個人受験*の場合）。受験を申し込むと、「一次受験票」がとどきます。当日は余裕をもって会場に到着できるように、前もって会場までの行き方や会場の地図を確認しておきましょう。出かける前に次の6つの物をきちんと持ったかを確認しましょう。必要に応じてやハンカチや上着なども用意しましょう。

①一次受験票兼本人確認票（写真を貼ること。二次試験でも必要）
②有効期限内の身分証明書（パスポート、健康保険証〈コピー可〉、生徒手帳〈写真なし可〉、マイナンバーカードなど。会員カード類、定期券は不可）
③HBの黒えんぴつ、またはシャープペンシル　④消しゴム
⑤上ばき（必要かどうか受験票で確認のこと）　⑥腕時計（携帯電話での代用不可）

次の6つの流れを確認しておきましょう。
①教室入口または教室内の受付で「一次受験票兼本人確認票」と身分証明書を提示します。
②時間になったら、試験監督者から問題冊子と解答用紙（マークシート）が配られます。
③放送の指示に従って解答用紙に名前（漢字とひらがな）や個人番号、生年月日、電話番号、年齢、受験会場名などを記入します。すべてきちんと書けるように、事前に練習しておきましょう。解答用紙にはマークする欄もあるので、マークの仕方も練習しておきましょう。
④試験監督者の合図で筆記試験の解答を開始します。問題冊子に書き込みをしてもかまいません。
⑤筆記試験が終わると試験監督者がリスニングテストの準備をし（約2分）、リスニングテストが始まります。準備時間とリスニングテスト開始後に教室の外に出た場合は、その後戻ることができません。
⑥試験監督者から終わりの合図があったら、えんぴつまたはシャープペンシルを置きます。

*学校などの団体を通さずに、インターネットや特約書店などで個人的に直接受験を申し込んだ人は個人受験となります。

◎ 一次試験の形式

「英検」3級では、一次試験で筆記試験およびリスニングテストが行われます。

● 筆記試験（65分）

問題	形式・課題	問題数	解答形式
1	短文の語句穴うめ問題	15問	4肢選択 （選択肢は印刷されています）
2	会話文の文穴うめ問題	5問	
3A/3B/3C	長文の内容に関する問題	10問	
4	Eメール問題	1問	記述式
5	英作文問題	1問	

● リスニングテスト（約25分）（放送回数は第1部は1回、第2部と第3部は2回）

問題	形式・課題	問題数	解答形式
第1部	会話の応答文を選ぶ問題	10問	第1部は3肢選択 （選択肢は読み上げられます）
第2部	会話の内容に関する問題	10問	第2部と第3部は4肢選択 （選択肢は印刷されています）
第3部	文の内容に関する問題	10問	

◎ 出題内容

家族のこと、趣味やスポーツなど身近な話題が出題されます。

主な場面・状況	家庭、学校、地域（各種店舗・公共施設を含む）、電話、アナウンスなど
主な話題	家族、友だち、学校、趣味、旅行、買い物、スポーツ、映画、音楽、食事、天気、道案内、自己紹介、休日の予定、近況報告、海外の文化、人物紹介、歴史など

◎ 英検 S-CBT

英検 S-CBT はコンピューターで受験する試験で、1日で4技能を測ることができます。リスニング、リーディングはマウス操作、スピーキングはヘッドセットで音声を吹き込む形で解答します。ライティングは解答用紙に手書き、またはキーボード操作で解答します（申し込み時に選択）。原則として毎週土日に実施されます（級や地域により異なる場合があります）。
※詳細は英検のウェブサイト（https://www.eiken.or.jp/s-cbt/）でご確認ください。

◎ 合格ライン

「英検」3級の一次試験の合格ラインは、「英検」CSE スコア 1103 点です。
※「英検 CSE スコア」についてはウェブサイト（https://www.eiken.or.jp/cse/）でご確認ください。

◎ 一次試験問題の内容と例題

3級の筆記試験とリスニングテストの内容を例題といっしょに見てみましょう。

> ※問題文はすべて本書「予想問題」よりぬき出したものです。
> ※6～11ページの情報は、2024年6月現在のものです。内容が変更される可能性もあります。くわしくは「英検」ウェブサイト（https://www.eiken.or.jp/）でご確認ください。

Reading　読み取って答える問題（マークシート）

問題1　短文の語句穴うめ問題

> **A:** How much money did you (　　　　) for the magazine?
> **B:** About 500 yen.
> **1** read **2** buy **3** sell **4** pay

短文（または会話文）のあいているところに、文脈に合う適切な語句を入れる問題です。英文中の（　　　　）に合う適切な語句を4つの選択肢の中から選びましょう。問題は全部で15問です。単語や熟語の知識、正しい文法の理解といった「語い・文法力」が求められています。

問題2　会話文の文穴うめ問題

> **Woman 1:** Let's go shopping at Bali Department Store. There is a big summer sale.
> **Woman 2:** (　　　　) A lot of things will be cheaper.
> **1** I like black sneakers. **2** That sounds good.
> **3** It's going to rain. **4** I'll tell you about it.

2人の人物の会話が自然なものになるよう、会話文のあいているところに適切な文や語句を入れる問題です。（　　　　）に入る適切な文や語句を4つの選択肢の中から選びましょう。問題は全部で5問です。会話表現を理解する「読解力」が求められています。

問題3　長文の内容に関する問題

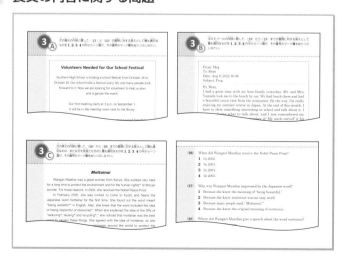

A（掲示）、B（Eメールや手紙）、C（長文）の3つの英文の内容に関する質問に答える問題です。4つの選択肢の中から適切な解答を選びましょう。問題は全部で10問です。英文を理解する「読解力」が求められています。

問題4　Eメール問題

Hi,

Thank you for your e-mail.
I heard you went to the zoo with your family. I want to know more about it. How was the weather? And which animals did you like the best?

Your friend,
Lisa

Hi , Lisa!

Thank you for your e-mail.

> 解答は、146ページにあるEメール解答欄に書きなさい。
> なお、解答欄の外に書かれたものは採点されません。

Best wishes,

受け取ったメールに対する返事のメールを、15語〜25語の英語で書く問題です。問題は1問です。受け取ったメールには質問が2つ入っていて、答えを自由に考えることができますが、質問への適切な答えになっているかどうか、語い、文法がチェックされます。

問題5　意見論述問題

- あなたは、外国人の友達から以下のQUESTIONをされました。

- QUESTIONについて、あなたの考えとその理由を2つ英文で書きなさい。

- 語数の目安は25語〜35語です。

- 解答は、146ページにあるライティング解答欄に書きなさい。なお、解答欄の外に書かれたものは採点されません。

- 解答がQUESTIONに対応していないと判断された場合は、0点と採点されることがあります。QUESTIONをよく読んでから答えてください。

QUESTION

What do you want to be in the future?

質問に対して、自分の考えとその理由を25語〜35語の英語で答える問題です。問題は1問です。質問文を理解し、適切な語いや文法を使って表現できるかが問われます。

第1部　会話の応答文を選ぶ問題

No. 1 　　　　No. 2

イラストを参考にしながら、会話の最後の発話に対する応答として最も適切なものを3つの選択肢の中から選ぶ問題です。選択肢は音声で流れます。英文は一度だけ放送されます。問題は全部で10問です。

第2部　会話の内容に関する問題

No. 11	No. 12
1 To look for a suitcase.	**1** She will help David get dressed.
2 To exchange money.	**2** She will make David breakfast.
3 To buy some food.	**3** She will drive David to the library.
4 To buy an airplane ticket.	**4** She will drive David to his school.

会話とその内容に関する質問を聞き、4つの選択肢の中から適切な答えを選ぶ問題です。選択肢は問題冊子に印刷されています。英文は二度、放送されます。問題は全部で10問です。

第3部　文の内容に関する問題

No. 21	No. 22
1 His mother.	**1** $1,200.
2 His father.	**2** $800.
3 His older brother.	**3** $600.
4 The youngest son in his family.	**4** $400.

短い英文に関する質問に答える問題です。4つの選択肢の中から答えを選びます。選択肢は問題冊子に印刷されています。英文は二度、放送されます。問題は全部で10問です。

◎ 二次試験当日のスケジュールと持ち物

原則として3級の集合時間は午後です（集合時間は二次受験票で指定されます。会場によっては午前に実施する場合もあります）。持ち物を確認しましょう。

①本人確認票（一次・二次共通）
②二次受験票
③有効期限内の身分証明書（パスポート、健康保険証〈コピー可〉、生徒手帳〈写真なし可〉、マイナンバーカードなど。会員カード類、定期券は不可）
④HBの黒えんぴつ、またはシャープペンシル　⑤消しゴム
⑥上ばき（必要かどうか受験票で確認のこと）

◎ 二次試験の形式

「英検」3級では一次試験に合格すると、二次試験で面接形式のスピーキングテストが行われます。

●スピーキングテスト（約5分）

問題	形式・課題	問題数	解答形式
音読	30語程度のパッセージを読む。	1問	
No.1	音読したパッセージの内容についての質問に答える。	1問	個人面接
No.2, 3	イラスト中の人物の行動や物の状況を描写する。	2問	（面接委員は1人）
No.4, 5	日常生活の身近な事柄について、受験者自身のことを問う質問に答える（カードのトピックに直接関連しない内容も含む）。	2問	

◎ 出題内容

身近なことに関する話題 過去の出題例	携帯電話、ラジオを聴く、読書週間、冬のスポーツ、朝市、四季など

★ 面接の流れ：140〜141ページを参照してください。
★ 3級の一次試験に合格し、二次試験を欠席または不合格になった方は、次回以降の申し込み時に一次試験免除申請をすれば、二次試験から受けることができます。翌年度の同回まで申請可能です。

問い合わせ先

● 「英検」ウェブサイト　よくある質問・お問い合わせ
https://www.eiken.or.jp/eiken/contact/examinee/

● 「英検」サービスセンター
Tel：03-3266-8311（個人受付）　※平日9:30〜17:00（土・日・祝日を除く）

保護者の方へ　アプリについて

アプリ／ダウンロード コンテンツ

本書ではスマホ・タブレットやPCで、下記のコンテンツを無料でご利用いただけます。

- 学習音声
- 電子書籍版*
- アプリ学習機能*

　* 電子書籍版とアプリ学習機能はスマホアプリ boocoでのみ、ご利用いただけます。
　　無料でご利用いただくには特典コードの入力が必要です。

コンテンツの利用方法

 ### スマホ・タブレットで利用する場合

STEP 1 ▶ boocoをインストール！
App Store ／ Google Playで「booco」と検索してアプリをダウンロードしてください。

STEP 2 ▶ アプリ内で本書を検索！
本書の商品コード「7024088」で検索してください。

STEP 3 ▶ コンテンツを使おう！
電子書籍版とアプリ学習機能を無料で利用するには、特典コードの入力が必要です。検索した書籍画面の「コード適用」ボタンをタップし、「別冊：解答解説と全文和訳」43ページの下部に記載されているコードを入力してください。

 さらに詳しい手順は左のQRコード（https://booco.page.link/k4jq）からご覧ください。

 ### PCで利用する場合

STEP 1 ▶ アルクダウンロードセンター（https://portal-dlc.alc.co.jp/）にアクセス

STEP 2 ▶ 本書の商品コード「7024088」で検索

STEP 3 ▶ 必要なコンテンツをPC上にダウンロードし、zipファイルを解凍

※ダウンロードしたファイルを解凍ソフトで展開した上でご使用ください。
※電子書籍版・アプリ学習機能は、PCからはご利用できません。

本書とアプリ学習機能の対応

本書の内容は、以下のようにboocoのアプリ学習機能に対応しています。

● リスニングクイズ

【機能】応答文を選ぶ問題、会話や文の内容に関する問題など、英検3級に出題されるリスニングのクイズができます

【対応箇所】Unit 1 ～ 22の Challenge!、予想問題

● 筆記形式クイズ

【機能】穴うめ問題、長文の内容に関する問題など、英検3級に出題される筆記形式のクイズができます

【対応箇所】Unit 1 ～ 22のChallenge!、予想問題

活用のヒント! ゲーム感覚で英検で出題される問題と同じ形式の練習問題に取り組むことができます。例えば、1回分の学習の仕上げはスマホ・タブレットで行ってみるなど、学習の動機づけの手段として活用することができます。他にも、学習の記録をもとに間違えた問題の復習を手軽に行えるので、苦手な内容の克服にも役立てることができます。

※本サービスの内容は、予告なく変更する場合がございます。あらかじめご了承ください。

01

英語の言葉の種類（品詞）

★動作を表すものは「動詞」といいます。「本」「えんぴつ」など、ものの名前は「名詞」といいます。「背が高い」などの状態や、「うれしい」など感情を表す言葉を「形容詞」といいます。

★英語の「動詞」や「形容詞」は変化することがあります。

動詞の変化

元の形（現在形）	～した（過去形）	（過去分詞形）	-ing（現在分詞形）
study	studied	studied	studying
go	went	gone	going
want	wanted	wanted	-
do	did	done	doing

「現在形」「過去形」「過去分詞形」という言葉は初めてかもしれないね。want（ほしい）のような状態を表す動詞は、通常 -ing の形にならないよ。

英語と日本語を比べてみましょう。英語と日本語とでは言葉を並べる順序が違うことがわかります。

I	study	English	every day.
私は	勉強する	英語を	毎日
主語「～は」	動詞「～する」	目的語「～を」	いつ

「～は」（主語というよ）のすぐ後に「～する」（動詞だよ）がくるんだ。そして、次に「～を」（目的語というよ）がくるね。「いつ」のような、文をくわしく説明する言葉はその後につくんだ。

次は、動詞の部分に注目してみましょう。
「毎日」を「昨日」に変えるとどうなるでしょうか。

I	went	shopping	yesterday.
私は	行った	買い物に	昨日

動詞は go の「過去形」went になっているね。

「昨年からずっとしている」に変えるとどうなるでしょうか。

I	have wanted	a smartphone	since last year.
私は	ずっとほしいと思っている	スマートフォンを	昨年から

have wanted という形になっているよ。since は「～から」という意味だよ。

「今」に変えたらどうなるでしょうか。

I	am doing	my homework	now.
私は	している	宿題を	今

am がついて、動詞の do には ing がついているね。

➡このように「動詞」というのは、いつの時のことを表すかによって、形が変わります。

形容詞の変化の例

元の形（原級）	「より～だ」（比較級）	「一番～だ」（最上級）
tall	taller	tallest
happy	happier	happiest

比較級、最上級については Unit 19、21 で学ぶよ。

「英検」3級の トレーニング

それでは、「英検」3級合格に向けてのトレーニングをしていきましょう。
各 Unit では、「英検」3級の試験でよく出題されるテーマにそった、
いろいろなトレーニングに取り組みます。
英文はすべて、音声を聞き、発音に注意しながら声に出してくり返し読みましょう。
「英検」の形式になれるための問題も用意しているので、チャレンジしてみてください。
※ 必要に応じて音声は止めながら取り組みましょう。

ストーリーと主な登場人物の紹介

ストーリー

お父さんの仕事の関係で、アメリカ・ロサンゼルスに引っ越してきた沢田家。
ここはお母さんが学生時代を過ごした町でもあります。
そのときのホストブラザー・マットと再会し、家族ぐるみでの交流が始まります。

主な登場人物

沢田家

ケイコ
母。学生時代にアメリカ留学経験があり、英語に堪能。

アキラ
父。歯科医。スポーツ万能。最近はゴルフが趣味。

ユウスケ
息子。中学3年生。サッカーが得意。

マユ
娘。小学5年生。ピアノが趣味。

ベンソン家

Elsa（エルサ）
母。料理が得意。

Matt（マット）
父。ケイコが学生時代ホームステイした家のホストブラザー。

Daniel（ダニエル）
息子。小学5年生。マユのクラスメート。

Sophia（ソフィア）
娘。高校2年生。おしゃれとスポーツが好き。

久しぶりに会う人にあいさつをしよう
（have＋過去分詞形、How long have you ～?）

このUnitでは、過去のある時から今まで、「ずっと〜している」という言い方を練習するよ。また、「どのくらい〜ですか、〜していますか」という質問の表現もあわせて学ぼう。

※このページの英文の意味は別冊2ページに掲載しています

Listen and Repeat 久しぶりに会う人との会話を聞こう 02

沢田家がアメリカへ引っ越してきました。母・ケイコは、ホストブラザーだったマットと空港で久しぶりに再会します。音声で内容を確認したら声に出して読みましょう。

1
① Hi, Keiko. How have you been?
② Hi, Matt. I've been fine. This is Akira, Yusuke and Mayu. This is Matt Benson. He was my host brother when I was a university student.
③ Hello, Mr. Benson. Nice to meet you.

2
① Good to see you. I was looking forward to seeing you.
② I've wanted to come back here for a long time, so I'm so excited to see you again.

3
① Come this way. I'll give you a ride to your home.
② Thank you.
③ How long have you studied English, Yusuke?
④ Since I was in the first grade.

Words & Phrases

会話に出てきた下の表現も覚えましょう。

How have you been?：お元気でしたか／I've been fine.：（ずっと）元気です／look forward to ～：～を楽しみにする／for a long time：長い間／I'm so excited to see ～：～に会えてとてもわくわくしています／give you a ride：あなたを車で送る

have＋過去分詞形の使い方を確認しよう

03

Point 1

過去のある時からずっと続いていることを表現するときはhave＋過去分詞形（14ページを見よう）の形を使います。「ずっと～していない」はhave not＋過去分詞形で表します。since ～はある時期から今までを、for ～はある一定の期間を表します。

▶ I've been fine. （私はずっと元気です）
▶ I've been sick since last week. （私は先週からずっと病気です→今もまだ治っていません）
▶ I've lived in Tokyo for 10 years. （私は東京に10年間住んでいます→今も東京に住んでいます）
▶ I've wanted to come back here for a long time. （長い間、ここに戻ってきたかったです）
▶ Kate and I haven't seen each other for five years. （ケイトと私は5年間互いに会っていません）

I'veはI have、haven'tはhave notの短縮形だね。since last weekは「先週から」、for 10 yearsは「10年間」の意味だよ。

動詞には過去形と過去分詞形が同じものもあるし、違うものもあるんだ（以下を見てみよう）。

is, am[are]（～である）-was[were]-been
study（勉強する）-studied-studied
play（[スポーツを]する、[楽器を]演奏する）-played-played

know（知っている）-knew-known
see（見る、会う）-saw-seen

※「現在形─過去形─過去分詞形」の変化を表しています。

Point 2

「あなたはどのくらい～ですか」とたずねるときは How long have you ～? を使います。動詞は過去分詞形です。

▶ How long have you known him? （あなたは彼のことを知ってどのくらいになりますか）
　— I've known him for a year. （彼を知って1年になります）
　— I've known him since last year. （昨年から彼を知っています）
▶ How long have you studied English? （あなたはどのくらい英語を勉強していますか）
　— Since I was in the first grade. （1年生のときからです）
▶ How have you been? （お元気でしたか）

"How are you?" は「元気ですか」だね。これを "How have you been?" にすると「あなたはずっと元気にしていたのですか」という意味になり、久しぶりに会った人へのあいさつになるよ。

こんな表現も一緒に覚えよう！

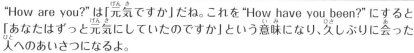

look forward to -ing （～するのを楽しみにする）／look for ～ （～を探す）
give back （返す）／give up ～ （～をあきらめる）
pick ～ up （～を車で迎えに行く）：Will you pick me up around eight?
　　　　　　　　　　　（8時ごろ車で迎えに来てくれますか）
　　（～を拾う、手に取る）：Help me pick this up. （これを持ち上げるのを手伝って）
excited （[人が]わくわくした）：I'm excited to hear that. （それを聞いて私はわくわくしています）
exciting （[人を]わくわくさせる）：The trip was exciting. （その旅行はわくわくするものでした）
each other （互いに）／keep in touch （連絡を取り続ける）：We keep in touch with each
other. （私たちは互いに連絡を取り続けます）

Practice	練習しよう

文字をなぞり、（　　　　）には答えを書きましょう。自分のことも書いてみましょう。
書けたら声に出して言ってみましょう。

(1) How long （　　　　） you （　　　　） here?

（あなたはどのくらい、ここに住んでいますか）

_____

（私は〜年間ここに住んでいます）

(2) I have （　　　　） （　　　　） since I was

（　　　　） years old. （私は〜歳のときから英語を勉強しています）

Challenge!	筆記問題とリスニング問題をやってみよう

16ページと17ページでやったことを思い出して、問題にチャレンジしてみましょう。
解答欄で答えの番号をぬりつぶしましょう。

目安時間
3分00秒

Reading　　　筆記問題

1　次の英文の（　　　　）に入れるのに最も適切なものを1, 2, 3, 4の中から1つ選びなさい。

(1) A: That girl is my friend.
　　B: How long have you （　　　　） her?
　　1　know　　　　2　knows　　　　3　knowing　　　　4　known

(2) A: How long have you lived in Tokyo, Mike?
　　B: I've lived here （　　　　） 2017.
　　1　in　　　　2　for　　　　3　since　　　　4　on

(3) Please （　　　　） in touch with me.
　　1　look　　　　2　take　　　　3　hear　　　　4　keep

2　次の会話について、（　　　　）に入れるのに最も適切なものを1, 2, 3, 4の中から1つ選びなさい。

(1)　　Man: I heard you're going to Hawaii next summer, Alice.
　　Woman: That's right. （　　　　）
　　1　I'm looking at the sea.　　　　2　I'm looking forward to going swimming there.
　　3　I'm going skiing.　　　　4　I come from Hawaii.

(2)　Mother: How was your trip to Niagara Falls?

　　　　Son: I had a good time. (　　　　　　　)

　　1　It was the longest river.　　　　2　We went to the mountains.

　　3　It was so exciting.　　　　　　4　I've known her since last year.

(3)　　　Man: How have you been?

　　Woman: (　　　　　　)

　　1　I've been fine.　　　　　　　2　It was a long time ago.

　　3　For 10 years.　　　　　　　4　I went to New York.

【解答欄】　　　　　　　　　　　　　※マークシートのぬり方

良い例	悪い例
●	・ ⊗ ◖

1	(1)	① ② ③ ④	(2)	① ② ③ ④	(3)	① ② ③ ④
2	(1)	① ② ③ ④	(2)	① ② ③ ④	(3)	① ② ③ ④

Listening　　リスニング問題　　

1　イラストを参考にしながら対話と応答を聞き、最も適切な応答を1, 2, 3の中から1つ選びなさい。

　1

　2

　3

2　対話と質問を聞き、その答えとして最も適切なものを1, 2, 3, 4の中から1つ選びなさい。

1　His grandparents are going to Los Angeles.

2　He's going to Los Angeles to see his grandparents.

3　He's going to meet a friend in Los Angeles.

4　His grandparents are visiting Nancy.

3　英文と質問を聞き、その答えとして最も適切なものを1, 2, 3, 4の中から1つ選びなさい。

1　For three years.

2　For four years.

3　For six years.

4　For ten years.

【解答欄】

1	① ② ③
2	① ② ③ ④
3	① ② ③ ④

Unit 1 の ふりかえり

今日の学習で理解できたこと、むずかしかったことを書きましょう。

家族を紹介しよう
(like to 〜、like -ing、want to 〜、enjoy -ing)

このUnitでは、家族や自分を紹介するときの表現を学ぶよ。「〜すること」という表現には「to ＋動作を表す言葉」、そして「動作を表す言葉＋ -ing」の2つの形があることを確認しよう。

※このページの英文の意味は別冊3ページに掲載しています

Listen and Repeat　　マユの家族紹介を聞こう　　05

マユが家族の紹介をしています，音声で内容を確認したら声に出して読みましょう。

1

I'm Mayu. I was born in Japan. I like to play the piano. I practice playing the piano every day. I also like learning English. I enjoy speaking English with my classmates.

2

Let me introduce my father, Akira. He's a dentist. He can play many sports, such as baseball, basketball and soccer. He started playing golf last year. He hopes to play better in the future.

3

This is my mother, Keiko. She likes to read books. She studied English at UCLA*, so she speaks English fluently. She also began learning French last year. One day she wants to visit France.

4

This is my brother, Yusuke. He looks like our father. He likes taking photos. He wants to be a photographer in the future. He started playing soccer five years ago. Now he's very good at playing soccer.

＊ UCLA：カルフォルニア大学ロサンゼルス校（University of California, Los Angeles）

Words & Phrases

家族紹介に出てきた下の表現も覚えましょう。

was(is) born in 〜：〜で生まれた(生まれる)／like to 〜(like -ing)：〜するのが好き／practice -ing：〜するのを練習する／enjoy -ing：〜するのを楽しむ／dentist：歯医者／started(start) -ing：〜することを始めた(始める)／hopes(hope) to 〜：〜することを望む／began(begin) -ing：〜することを始めた(始める)／wants(want) to 〜：〜したい／looks(look) like：〜に似ている／is good at 〜：〜が得意だ

to 〜と-ingの使い方を確認しよう

 06

Point 1

like to＋動詞、like＋動詞ingで「〜するのが好きです」の意味になります。形は違いますが、意味は同じです。beginやstartも同じように使えます。

> like toの後ろにはplay、read、studyなど動詞をそのまま入れればいいね。like -ingはplaying、reading、studyingのような形になるよ。

begin(始める)-began-begun
start(始める)-started-started

- ▶ I like to play the piano.
  - ＝I like playing the piano.
    - (私はピアノをひくのが好きです)
- ▶ I began to learn Chinese.
  - ＝I began learning Chinese.
    - (私は中国語を習い始めました)
- ▶ I started to learn French.
  - ＝I started learning French.
    - (私はフランス語を習い始めました)

Point 2

want to＋動詞で「〜したい」の意味になります。wantの代わりにhope、wishを入れても同じような意味になります。

- ▶ I want to go to Canada this summer. (私はこの夏、カナダに行きたいです)
- ▶ She hopes to speak English better. (彼女は英語をよりうまく話せるようになりたいです)
- ▶ I wish to visit my grandmother next year. (私は来年、祖母を訪ねたいです)

Point 3

enjoy＋動詞ingで「〜することを楽しむ」の意味になります。to＋動詞には置きかえられません。

- ▶ She enjoys reading books. (彼女は本を読むことを楽しみます)
- ▶ He practices playing the guitar. (彼はギターをひく練習をします)
- ▶ I finished writing a letter to my grandfather. (私は祖父への手紙を書き終えました)
- ▶ I stopped taking the class. (私はそのクラスを取るのをやめました)
- ▶ Do you mind closing the window? (窓を閉めてくれませんか)

> enjoyのほか、finish、practice、stop、mindも後ろに-ing形の動詞を入れるのね。

> Do you mind 〜?のmindは「〜を気にする、〜をいやがる」という意味の動詞だよ。「いいですよ」と答えるときはNot at all.(まったくかまいません)、Of course not.(もちろん、かまいませんよ)のように言うよ。

read(読む)→reading　　write(書く)→writing
take(取る)→taking　　close(閉める)→closing

こんな表現も一緒に覚えよう！

grow up (育つ)：I grew up in Osaka. (私は大阪で育ちました)＝I was brought up in Osaka.
＊grow-grew-grown
bring up (育てる)：I brought up three children. (私は3人の子どもを育てました)
＊bring-brought-brought

21

Practice	練習しよう

文字をなぞり、(　　　　　) には自分のことを書きましょう。書けたら声に出して言ってみましょう。

(1) I like to (　　　　　　　　　　　　　　　　　　　)

(2) I hope to (　　　　　　　　　　　　　　　　　　　)

(3) I practice (　　　　　　　　　　　　　　　　　　　)

(4) I enjoy (　　　　　　　　　　　　　　　　　　　)

Challenge!	筆記問題とリスニング問題をやってみよう

20ページと21ページでやったことを思い出して、問題にチャレンジしてみましょう。
解答欄で答えの番号をぬりつぶしましょう。

目安時間
3分00秒

Reading

1 筆記問題

次の英文の (　　　　) に入れるのに最も適切なものを1, 2, 3, 4の中から1つ選びなさい。

(1) A: Do you like to play sports, Bill?
B: Yes, I (　　　　　　　) playing tennis and soccer.
1 enjoy　　　2 want　　　3 go　　　4 hope

(2) My brother practices playing the piano every day. He (　　　　　　　)
to be a pianist in the future.
1 starts　　　2 plays　　　3 hopes　　　4 finishes

(3) I finished (　　　　　　　) a letter to my grandmother.
1 to write　　　2 wrote　　　3 writing　　　4 writes

2 次の会話について、(　　　　) に入れるのに最も適切なものを1, 2, 3, 4の中から1つ選びなさい。

(1) Woman: What do you want to be in the future?
Boy: I like drawing pictures, so (　　　　　　　)
1 I enjoy taking photos.　　　2 I don't know about that.
3 I'll visit France.　　　4 I want to be a painter.

(2) Boy: Did you know that Mike can play the piano well?

   Girl: Yes, (　　　　　　　)

   1　he began playing the piano 10 years ago.

   2　he sings songs very well.

   3　he can't play it well.

   4　he wants to be a violinist.

(3) Girl: Is your brother good at any sport?

   Boy: (　　　　　　　)

   1　I like to play baseball.　　2　He is good at soccer.

   3　We play sports together.　　4　He can play the piano.

【解答欄】

| 1 | (1) | ① ② ③ ④ | (2) | ① ② ③ ④ | (3) | ① ② ③ ④ |
| 2 | (1) | ① ② ③ ④ | (2) | ① ② ③ ④ | (3) | ① ② ③ ④ |

Listening　リスニング問題　 07

1　イラストを参考にしながら対話と応答を聞き、最も適切な応答を1, 2, 3の中から1つ選びなさい。

1

2

3

2　対話と質問を聞き、その答えとして最も適切なものを1, 2, 3, 4の中から1つ選びなさい。

1　She wants to help sick people.

2　She likes animals.

3　Sure, she will be.

4　She doesn't want to be a doctor.

3　英文と質問を聞き、その答えとして最も適切なものを1, 2, 3, 4の中から1つ選びなさい。

1　Japan.　　2　Canada.

3　The U.S.　　4　China.

【解答欄】

1	① ② ③
2	① ② ③ ④
3	① ② ③ ④

Unit 2 の ふりかえり

今日の学習で理解できたこと、むずかしかったことを書きましょう。

unit 3

メールを送ろう
（when、メールの表現）

学習日

月　日

whenは「いつ」をたずねるときに使う言葉だけれど、文の中で「〜するとき」という意味で使われることもあるよ。そのほか、メールでやりとりするときの表現を学ぼう。

※このページの英文の意味は別冊4ページに掲載しています

Listen and Repeat　メールでのやりとりを見てみよう　🎧 08

日本に住んでいる叔母のアニーからダニエルにメールが届きました。音声で内容を確認したら声に出して読みましょう。

1

① Daniel, how was school today?

② Great! I made a new friend. His name is Michael.

③ And I got an e-mail from Aunt Annie.

2

Dear Daniel,
How are you? How is your school life? Please tell me about your school life when I see you. Do you have any plans for this summer vacation? If you don't, you can come to Japan to visit us. Please let me know if you can come.
Take care,
Aunt Annie

3

① Mom, can we visit her in Japan this summer? I want to see her.

② Yes, it sounds great. Let's go to Japan.

③ Wow! I'll write a reply to her.

4

Dear Aunt Annie,
Hi. I've made a lot of friends and am enjoying my school life. By the way, I talked with Mom about going to Japan. She said we could visit you this summer. I'm very excited! I heard it's very hot and humid in summer in Tokyo. Are there any places to swim? I can't wait to see you in Japan.
Bye for now,
Daniel

Words & Phrases

会話に出てきた下の表現も覚えましょう。

How was(is) 〜？：〜はどうでしたか（どうですか）／made(make) a new friend：新しい友だちを作った（作る）／got(get) an e-mail：メールをもらった（もらう）／Please tell me about 〜：〜について教えてください／when I see you：あなたに会うとき／Do you have any plans for 〜？：〜に予定はありますか／If you don't：もしないなら／write a reply to 〜：〜に返事を書く／By the way：ところで／talked(talk) with ... about 〜：…と〜について話した（話す）／humid：湿度が高い／can't wait to see you：あなたに会うのがとても楽しみ

24

09

Point 1

when ～で「～（する）とき」の意味です。

▶ Please tell me about it when I see you. （会うときにそのことを教えてください）
▶ I watch TV first when I get home. （私は家に帰ると、最初にテレビを見ます）

> When I get home, I watch TV first.のように言うこともできるよ。
> Whenで始める場合は途中のカンマ(,)を忘れずにね。

Point 2

メールの書き方についてポイントを確認しましょう。

From:	Keisuke ● —〔自分の名前〕
To:	Jamie ● ————〔メールを送る相手の名前〕
Date:	March 25, 2022 ●
Subject:	Spring vacation ● —〔Dateは「日付」、Subjectは「タイトル」です〕

Dear Jamie, ● —〔Dearの後には送る相手の名前を、次の行頭にはあいさつの言葉を書きます〕

How are you? Are you enjoying the spring vacation? I'm enjoying this spring vacation at my grandparents' house in Tokyo. We had a traditional*girls' festival*, *hinamatsuri*, for my sister on March 3. For the festival, families with daughters display*dolls called *hinaningyo*. We eat a special sushi called *chirashizushi* with a lot of ingredients*on that day. It was fun. How was your spring vacation?

See you, ● —┐
Keisuke ● —┴〔See you, は結びの言葉で「またね」という意味です。最後に自分の名前を書きます〕

＊traditional：伝統的な／＊festival：祭り／＊display：飾る／＊ingredient：材料

〈あいさつの言葉〉
Hi. / Hello. （こんにちは）
How are you? / How are you doing? （元気ですか）
Thank you for your e-mail. （メールをありがとう）

〈結びの言葉〉
Take care. （元気でね）
See you (soon). /
Bye for now. （またね）

英文の意味

差出人：ケイスケ　　宛先：ジェイミー　　日時：2022年3月25日
タイトル：春休み

ジェイミーへ
元気ですか。春休みを楽しんでいますか。ぼくはこの春休み、東京の祖父母の家で楽しんでいます。3月3日はぼくの妹のためにひな祭りという伝統的な女の子のお祭りをしました。そのお祭りのために、娘がいる家庭はひな人形とよばれる人形を飾ります。その日はちらし寿司とよばれる、たくさんの材料が入った特別なお寿司を食べます。楽しかったです。君の春休みはどうですか？　またね。

ケイスケより

メールを書くときに必要な要素を書きましょう。①「冬休み」というタイトル、②Dear ＋送る相手の名前、③あいさつの言葉、④結びの言葉、⑤自分の名前を書きましょう。

Subject:	(①　　　　　　　　　　　　　　　　　　　　)
(②　　　　　　　　　　　　　　　　　　　　　　　　　　　)	
(③　　　　　　　　　　　　　　　　　　　　　　　　　　　)	
(④　　　　　　　　　　　　　　　　　　　　　　　　　　　)	
(⑤　　　　　　　　　　　　　　　　)	

24ページと25ページでやったことを思い出して、問題にチャレンジしてみましょう。
解答欄で答えの番号をぬりつぶしましょう。

目安時間
6分00秒

次のメールの内容に関して、（1）から（3）までの質問に対する答えとして最も適切なものを1, 2, 3, 4の中から1つ選びなさい。

From: Yuki Sakai	To: Elina Royce
Date: May 5, 2022 17:15	Subject: Your plans for this weekend

Dear Elina,

How are you, Elina? Do you have any plans for this Saturday? If you don't, do you want to join* us? My mother and I are planning to go to the aquarium*. The aquarium has many fish, dolphins and seals. There is also a nice restaurant there, so we can have some delicious food. The aquarium is near the sea, so we can see the sunset* in the evening. Everything will be exciting. I hope you can make it*.

Bye for now,

Yuki

＊join：加わる／＊aquarium：水族館／＊sunset：夕日／＊can make it：都合をつけることができる

From: Elina Royce	To: Yuki Sakai
Date: May 6, 2022 19:20	Subject: Thank you for the invitation*

Dear Yuki,

Thank you for your e-mail and the invitation. I'd love to* go to the aquarium with you and your mother. I really like tropical fish* and dolphins, so I can't wait to go there. If we want to see the sunset, how about leaving your house at* around two o'clock? Then, we can have plenty of time* there.

See you soon,

Elina

＊invitation：招待／＊I'd love to ～：ぜひ～したい／＊tropical fish：熱帯魚／＊how about leaving your house at ～?：～時にあなたの家を出るのはどうですか／＊plenty of time：十分な時間

(1) What does Yuki want to do with Elina?

    1 Go to the aquarium.   **2** Enjoy talking.

    3 Buy fish.   **4** Visit Mom.

(2) What can you see at the aquarium?

    1 Fish, dolphins and seals.   **2** Fish and chickens.

    3 Bears and tigers.   **4** Stars.

(3) What time does Elina plan to leave Yuki's house?

    1 At around four.   **2** At around five.

    3 At around two.   **4** At around three.

【解答欄】

| (1) | ① ② ③ ④ | (2) | ① ② ③ ④ | (3) | ① ② ③ ④ |

Listening リスニング問題

10

1 イラストを参考にしながら対話と応答を聞き、最も適切な応答を1, 2, 3の中から1つ選びなさい。

1

2

3

2 対話と質問を聞き、その答えとして最も適切なものを1, 2, 3, 4の中から1つ選びなさい。

1 He wants to swim.

2 He wants to go to Okinawa.

3 He wants to visit his grandfather.

4 He wants to visit his aunt.

3 英文と質問を聞き、その答えとして最も適切なものを1, 2, 3, 4の中から1つ選びなさい。

1 She is from Japan.

2 She is from South Korea.

3 She came from school.

4 She wants to go to South Korea.

【解答欄】

1	① ② ③
2	① ② ③ ④
3	① ② ③ ④

Unit 3 の ふりかえり

今日の学習で理解できたこと、むずかしかったことを書きましょう。

unit 4 レストランで食事をしよう
(I'd like ～、what to ～、when to ～、Could you[I] ～?)

学習日

月　日

Unit 2で「to＋動作を表す言葉」を学んだね。ここでもtoを使った表現を学ぶよ。そのほか、CouldやCanを使って「～していただけますか」「～してくれますか」とお願いする表現を身につけよう。

※このページの英文の意味は別冊5ページに掲載しています

Listen and Repeat 　レストランでの会話を聞こう　🎧 11

エルサとマットがレストランで食事をします。音声で内容を確認したら声に出して読みましょう。

1
① Good evening, are you ready to order, sir?
② Yes, I'd like a green salad and a steak, please. Oh, and a cup of coffee after the meal, please.

2
① I worked hard today, so I'm hungry. This steak is really delicious.
② I'm glad to hear that. Could you pass me the salt, please?
③ Here you are.

3
① I'd like something for dessert.
② Me, too. But I don't know what to order.
③ Excuse me, can I have a dessert menu, please?

4
① I'd like an orange sherbet, please.
② Ice cream for me, please. Could I have another cup of coffee?
③ Sure.

Words & Phrases

会話に出てきた下の表現も覚えましょう。

Are you ready to order, sir? : 注文はお決まりですか、お客様／I'd like ～ : ～がほしいです／a cup of ～ : 1杯の～／after the meal : 食事の後で／worked(work) hard : 一生懸命働いた（働く）／I'm glad to hear that. : それを聞いてうれしいです／Could you ～? : ～していただけますか／Here you are. : はい、どうぞ／I don't know what to order. : 何を注文していいのかわかりません／Could I have ～? : ～をいただけますか／another cup of ～ : ～をもう1杯

Point 1

「〜がほしいです、〜がいいです」は、I'd like 〜を使います（I want 〜よりていねいな言い方です）。返事の仕方も一緒に覚えましょう。

▶ I'd(=I would) like something for dessert.（何かデザートがほしいです）
　— Me, too.（私もほしいです）
▶ I don't want anything for dessert.（デザートは何もほしくありません）
　— Me, neither.（私もほしくありません）

返事をするとき、相手に同意する場合はtooを使うよ。

Point 2

「何を〜するべきか」は what to 〜を使います。toの後ろには動詞が入ります。「いつ〜するべきか」は when to 〜で表します。

▶ I don't know what to order for dessert.（デザートに何を注文していいかわかりません）
▶ Tell me when to start.（いつ出発すればいいか教えてください）

そのほかにも、how to 〜（〜する方法）、where to 〜（どこに[へ、で]〜するべきか）、which to 〜（どちらを〜するべきか）という表現があるよ。

Point 3

「〜していただけますか」はCould you 〜?を使います（Can you 〜?は「〜してくれますか」です）。またCould[Can] I have 〜?は「私は〜を持つことができますか」と質問している文ですが、「〜をいただけますか、〜をください」と頼む意味になります。

▶ Could you pass me the salt, please?（塩を取っていただけますか）
▶ Can you help me with my homework?（私の宿題を手伝ってくれますか）
▶ Can I have some water, please?（水をください）

こんな表現も一緒に覚えよう！

Which kind of 〜? / What kind of 〜?（どんな種類の〜）：
Which kind of dressing would you like with the salad?
（サラダにはどんな種類のドレッシングがよろしいですか）
What kind of ice cream would you like for dessert?
（デザートにはどんな種類のアイスクリームがよろしいですか）

29

練習しよう

レストランの人が言ったことに対して、自分の希望を書きましょう。書けたら声に出して言ってみましょう。

(1) Server: Are you ready to order?

　　You: Yes. I'd like _____

(2) Server: What kind of ice cream would you like for dessert?

　　You: _____

(3) Server: Would you like another cup of tea?

　　You: _____

筆記問題とリスニング問題をやってみよう

28ページと29ページでやったことを思い出して、問題にチャレンジしてみましょう。解答欄で答えの番号をぬりつぶしましょう。

目安時間
3分00秒

Reading 筆記問題

1 次の英文の（　　　）に入れるのに最も適切なものを1, 2, 3, 4の中から1つ選びなさい。

(1) A: Do you know the name of the bus stop, Michael?

　　B: Sure, Grandma. Don't worry. I'll tell you (　　　　　) to get off the bus.

　　1 when　　　**2** what　　　**3** how　　　**4** who

(2) A: I'd like something (　　　　　) a cold.

　　B: This medicine is very good.

　　1 in　　　**2** on　　　**3** for　　　**4** at

(3) Could you (　　　　　) me the sugar, Mom?

　　1 drink　　　**2** tell　　　**3** cook　　　**4** pass

2 次の会話について、（　　　）に入れるのに最も適切なものを1, 2, 3, 4の中から1つ選びなさい。

(1)　　Son: Mom, your cookies are always delicious.

　　Mother: Thank you, Tom. (　　　　　)

　　1 Where did you buy them?　　**2** I'm glad to hear that.

　　3 He bought it.　　　　　　　**4** I like music, too.

(2)　Server: Are you finished?

　　　Woman: Yes. The ice cream was really delicious. (　　　　　　　)

　　　Server: Sure, ma'am.

　　1　Could I have another cup of coffee?　　2　May I help you?

　　3　I'm ready to order.　　4　Let's go for a walk.

(3)　Man: I'd like a sandwich, please.

　　　Server: Sure. (　　　　　　　)

　　1　Good luck.　　2　What kind of sandwich would you like?

　　3　Me, too.　　4　Could I have a menu?

【解答欄】

1	(1)	①	②	③	④	(2)	①	②	③	④	(3)	①	②	③	④
2	(1)	①	②	③	④	(2)	①	②	③	④	(3)	①	②	③	④

Listening

リスニング問題

1 イラストを参考にしながら対話と応答を聞き、最も適切な応答を1, 2, 3の中から1つ選びなさい。

1

2

3

2 対話と質問を聞き、その答えとして最も適切なものを1, 2, 3, 4の中から1つ選びなさい。

1　John's mother.

2　John's father.

3　John's sister.

4　John's brother.

3 英文と質問を聞き、その答えとして最も適切なものを1, 2, 3, 4の中から1つ選びなさい。

1　Sandwiches.

2　Some salad.

3　Nothing.

4　A hamburger.

【解答欄】

1	①	②	③	
2	①	②	③	④
3	①	②	③	④

Unit 4 の ふりかえり

今日の学習で理解できたこと、むずかしかったことを書きましょう。

unit 5 料理をしよう
(Please 〜、What would you like 〜?、should)

このUnitでは、「〜してください」とていねいに頼む表現や、「何が〜したいですか」「〜したいですか」とたずねる言い方を勉強していくよ。また、「〜するべき」という言い方も練習しよう。

※このページの英文の意味は別冊7ページに掲載しています

Listen and Repeat　キッチンでの会話を聞こう

14

夕ごはんの前にエルサとダニエルが話をしています。音声で内容を確認したら声に出して読みましょう。

1
① Mom, I'm hungry.
② What would you like to have for dinner tonight?
③ I'd like a hamburger.

2
① Can you help me cook?
② Sure, what should I do?
③ Please make the side dishes.
④ Of course, Mom.

3
First, peel the carrots and the potatoes. Then, boil them. Finally, fry them in a frying pan.

4
① Dinner is ready.
② Daniel helped me cook dinner today.
③ Great! This hamburger smells good.

 Words & Phrases

会話に出てきた下の表現も覚えましょう。

What would you like to have?：何が食べたいですか／help me cook：私の料理の手伝いをする／what should I do?：何をするべきですか／Please 〜：〜してください／of course：もちろん／first：最初に／peel：（皮を）むく／then：それから／boil：ゆでる／finally：最後に／fry：いためる／frying pan：フライパン／Dinner is ready.：夕ごはんの準備ができました／smells(smell) good：いいにおいがする

Points

Please 〜、What would you like 〜?、shouldの使い方を確認しよう 15

Point 1

「〜してください」とていねいに言う場合は、動詞の前にPleaseをつけます。「〜しないで」と言う場合は、動詞の前にDon'tをつけます。

▶ Please wash your hands. (手を洗ってください)
▶ Don't touch the pot. (深鍋にさわらないで)
▶ Please don't open the window. (窓を開けないでください)

> 「〜しないでください」とていねいに言うには Please don't 〜と言えばいいね。

Point 2

What would you like 〜?は「何が〜したいですか」、Would you like 〜?は「〜したいですか」とたずねるときに使います。

▶ What would you like to have for dinner tonight? (今夜の夕ごはんに何が食べたいですか)
▶ Would you like some more tea? (お茶をもっといかがですか)

> What would you like to have?は「何がほしいですか」や「何が食べたいですか」の意味になるのね。答えるときはUnit 4で学習したI'd like 〜を使えばいいね。

Point 3

「〜するべきです」と言うときはshouldを使います。shouldの後ろにnotをつけると「〜するべきではありません」の意味になります。

▶ What should I do? (私は何をするべきですか)
▶ You should do your own work first. (あなたは最初に自分自身の仕事をするべきです)
▶ You should not do that. (あなたはそんなことをするべきではありません)

 こんな表現も一緒に覚えよう！

料理に関連した表現 ■■■■■■■■■■■■■■■

make ([料理を]作る)／cut (切る)／bake ([ケーキやクッキーなどを]焼く)／wash (洗う)
help -self (自由に取る、食べる)：Please help yourself to cookies. (クッキーをご自由にめし上がってください)
by -self (ひとりで)：Please make it by yourself. (それをひとりで作ってください)
make -self at home (くつろぐ)：Please make yourself at home. (どうぞくつろいでください)

33

| Practice | 練習しよう |

文をなぞり、質問に対する自分の考えを書きましょう。書けたら声に出して言ってみましょう。

(1) What would you like to have for dinner tonight?

———

(2) Would you like some tea?

———

| Challenge! | 筆記問題とリスニング問題をやってみよう |

32ページと33ページでやったことを思い出して、問題にチャレンジしてみましょう。
解答欄で答えの番号をぬりつぶしましょう。

目安時間
3分00秒

Reading

筆記問題

1 次の英文の（　　　　）に入れるのに最も適切なものを1, 2, 3, 4の中から1つ選びなさい。

(1) A: Can I have some cookies?
　　B: First of all, you have to finish your report. (　　　　) you can have some.

　　1　First　　　　2　Finally　　　　3　End　　　　4　Then

(2) A: I made a cake. Please (　　　　) yourself to a piece.
　　B: Wow, it looks delicious!

　　1　help　　　　2　eat　　　　3　like　　　　4　want

(3) Don't (　　　　) in a loud voice ＊ in the library.

＊ in a loud voice: 大きな声で

　　1　make　　　　2　speak　　　　3　buy　　　　4　eat

2 次の会話について、（　　　　）に入れるのに最も適切なものを1, 2, 3, 4の中から1つ選びなさい。

(1)　Son: Can I have some snacks?
　　Mother: (　　　　), but first you should wash your hands.

　　1　No, you can't　　　　　　2　You did a good job
　　3　Of course　　　　　　　　4　Not so good

34

(2) Mother: What would you like to have for lunch?

Son: (　　　　　　)

1　I'm thirsty, too.　　　　　2　I want to eat dinner.

3　I'd like a sandwich.　　　　4　I like tomatoes.

(3)　　Father: Would you like more cake?

Daughter: (　　　　　　). I'm full.

1　No, thank you　　　　　2　Yes, please

3　I made it for you　　　　4　I'm very thirsty

【解答欄】

1	(1)	①	②	③	④	(2)	①	②	③	④	(3)	①	②	③	④
2	(1)	①	②	③	④	(2)	①	②	③	④	(3)	①	②	③	④

Listening　リスニング問題

1 イラストを参考にしながら対話と応答を聞き、最も適切な応答を1, 2, 3の中から1つ選びなさい。

1

2

3

2 対話と質問を聞き、その答えとして最も適切なものを1, 2, 3, 4の中から1つ選びなさい。

1　He made curry and rice.

2　He helped his mother make a salad.

3　He washed the dishes.

4　He talked to his father.

3 英文と質問を聞き、その答えとして最も適切なものを1, 2, 3, 4の中から1つ選びなさい。

1　She washed the vegetables.

2　She cut the vegetables.

3　She peeled the vegetables.

4　She baked the bread.

【解答欄】

1	①	②	③	
2	①	②	③	④
3	①	②	③	④

Unit 5 の ふりかえり

今日の学習で理解できたこと、むずかしかったことを書きましょう。

ライティング問題に挑戦しよう（1）

質問に対して自分の考えを英語で書く練習をしましょう。まずはQUESTIONを確認したあとに「ライティングのポイント」をチェックします。そしてQUESTIONについて、あなたの考えとその理由を2つ英文で書きましょう。語数の目安は25語〜35語です。

QUESTION 1　What do you usually eat for breakfast?

ライティングのポイント

英作文で最も重要なポイントは、「書き出し」「理由1」「理由2」の流れにそって書くことです。これを守ることで、相手にしっかりと自分の考えを伝えることができます。上記の質問に対する、フレーズの基本の型がありますので、❶〜❸のポイントと一緒に確認しましょう。語数は必ず25語〜35語になるようにしましょう。

❶**書き出しで、質問に対する自分の考えをはっきりと書きます。**
　ここでは、ふだん食べている朝食について問われているので、質問文の主語を変えて次のように書きます。
　□ I usually eat 〜 for breakfast（私はふだん朝食に〜を食べます）
　「〜」の部分には自分の食べている朝食を入れましょう。

❷**次に、❶の文に続けて自分の考えに対する1つ目の理由を書きます。**
　□ because 〜（〜なので）

❸**最後に、2つ目の理由を述べます。**
　□ Also, 〜（また、〜）

ここで紹介したフレーズの型を使った解答例を見てみましょう。

解答例

I usually eat bread for breakfast because I can enjoy many kinds of bread, such as rye bread and raisin bread. Also, bread is delicious. I like it very much.（30語）

QUESTION 1　あなたはふだん朝食に何を食べますか。

全訳　解答例：私はふだん朝食にパンを食べます。ライ麦パンやレーズンパンといった、たくさんの種類のパンが楽しめるからです。また、パンはおいしいです。私はパンがとても好きです。

自分で書いてみよう

左のページで紹介しているライティングのポイントや解答例を参考に、
STEP 1〜4の段階をふんで自分の答えを書いてみましょう。

STEP 1 breakfast（朝食）で食べる主なものです。薄い文字をなぞり、最後の1つは自分で考えて書きます。

bread	rice	pancakes
パン	ごはん	パンケーキ

eggs	cereal	
たまご	シリアル	

STEP 2 下の薄い文字をなぞり、（　）には自分がふだん食べる朝食を1つだけ選んで書き入れましょう。

I usually eat (　　　　　　　　　　) for breakfast

STEP 3 STEP 2で書いた答えに対する理由を2つあげましょう。

because (　　　　　　　　　　　　　　　　　　　　　　　

　　　　　　　　　　　　　　　　　　　　　　　　　　　　).

Also, (　　　　　　　　　　　　　　　　　　　　　　　).

役に立つ表現	such as 〜：〜といった／many kinds of 〜：たくさんの種類の〜／delicious：おいしい／It's good for my health：健康によい／I like 〜：〜が好きです

STEP 4 STEP 2、3の解答をつなげて、25語〜35語で文をまとめましょう。

_____

_____

_____

文章の構成を知ろう

まとめて身につけよう(1)

英語で書かれたいろいろな文を読み、内容を理解するためのポイントをつかみましょう。

掲示文

17

まずはタイトルに注意しましょう。簡潔に書かれていることが多く、何について書かれているかがわかります。また、なるべく先に質問文に目を通し、それに合った情報をすばやくつかみとるようにしましょう。

---

①Mount Fuji Cleanup Campaign

②When: August 14,15,16. 9 a.m. to 3 p.m.

③Where: Fifth stage of Mount Fuji

We are going to clean up* Mount Fuji this summer. If you'd like to take part in* this campaign, ④you should go to the website www.cleanup.mtfuji.com and register* your name ⑤by the end of July. All volunteers* are welcome. Be sure to bring your own food, drink and waste bags. ⑥If you are under 18 years old, you must come with an adult.

(1) If you want to join this campaign, first

　1　you should bring your own food and drink.

　2　you should take your garbage home.

　3　you should go to Mount Fuji.

　4　you should go to the website and register.

(2) If you are under 18 years old,

　1　you can't join this campaign with your grandfather.

　2　you can join this campaign alone.

　3　you need your parents to agree.

　4　you should come with an adult.

① 題名を見ると、何のお知らせかがわかります。
② when（いつ）に注目しましょう。
③ where（どこ）に注目しましょう。
④ 参加したいならば、どうすればいいかを読み取りましょう。
⑤ いつまでに申し込みをしなければならないか読み取りましょう。
⑥ 参加するための条件を読み取りましょう。

英文の意味

富士山の清掃活動
　日時：8月14、15、16日。午前9時から午後3時
　場所：富士山5合目
この夏に富士山の清掃を行います。このキャンペーンに参加したいならばウェブサイトwww.cleanup.mtfuji.comへ行き、7月末までに名前を登録してください。ボランティア歓迎です。自分の食べ物と飲み物とゴミ袋を持参してください。あなたが18歳以下ならば、大人と一緒に来なくてはなりません。

---

*clean up：清掃する／*take part in 〜：〜に参加する／*register：登録する／*volunteers：ボランティア

【解答欄】

(1)　① ② ③ ④　　(2)　① ② ③ ④

※答えと選択肢の意味は別冊8ページに掲載しています

メール

18

まずはだれからだれへのメールか確認しましょう。送信者と受信者の関係がわかることがあります。次に、件名を見て、話題は何か確認しましょう。そして誘い、お礼、お願いなど、どんな内容のメールなのか読みとっていきます。質問文を読み、その情報がどこに書かれているかを探して答えましょう。

---

①From: Becky
②To: Mr. Fukushima
③Date: July 7, 2022 17:55
④Subject: Homestay in Japan

Dear Host Father,
Hello, I'm coming to Japan on the exchange program and I'm looking forward to staying with your family. I'm interested in anime and hope to see some while I'm there. Also, I want to see Tokyo's highest tower and some beautiful fireworks. I'm worried about my Japanese, so I'm studying Japanese very hard.
I hope to hear from you soon,
Becky

① Fromは「だれから」を表します。
② Toは「だれに」を表します。
③ Dateは送信した日時を表します。
④ Subjectは「件名」の意味です。何について書かれているのかを表します。

英文の意味

差出人：ベッキー
宛先：福島さん
日付：2022年7月7日、17時55分
件名：日本でのホームステイ

ホストファザーへ
こんにちは、私は交換留学で日本へ行き、あなたの家族と滞在するのを楽しみにしています。私はアニメに興味があり、滞在中にいくつか見たいと思っています。また、私は東京の最も高い塔と美しい花火を見たいです。私は自分の日本語を心配しているので、一生懸命日本語を学んでいます。すぐのお返事を楽しみにしています。
ベッキー

From: Toshio Fukushima
To: Becky
Date: July 9, 2022 9:50
Subject: Welcome to Japan

⑤Dear Becky,
⑥Thank you for e-mailing me. I'll be very happy to welcome you to our family. I have a daughter. She is the same age as you. She also likes anime. Don't worry about your Japanese. We'll teach you. This summer, we're going to see some fireworks. You can wear a *yukata*, a traditional Japanese summer kimono. Please let me know when you are going to arrive in Japan. We'll pick you up at the airport.
⑦Take care,
Toshio Fukushima

⑤ Dear ～はよびかけのあいさつです。
⑥ Thank you for ～は「～をありがとう」の意味です。
⑦ Take care, は結びの言葉です。

英文の意味

差出人：福島トシオ
宛先：ベッキー
日付：2022年7月9日、9時50分
件名：日本へようこそ

ベッキーへ
メールを送ってくれてありがとう。私たち家族にあなたを迎えられてとてもうれしいです。私には娘がいます。あなたと同じ年齢です。彼女もアニメが好きです。日本語については心配しないでください。私たちが教えます。この夏は花火を見に行きます。伝統的な日本の夏の着物、浴衣を着ることができますよ。日本にいつ着く予定か知らせてください。空港まで迎えに行きます。お元気で。
福島トシオ

ロサンゼルスを観光しよう
（念をおす言い方、〜する人）

ここでは「〜ですね?」と念をおす言い方や、動詞や名詞の終わりにerやorなどをつけて職業などを表す表現を学ぶよ。また、相手を励ますときに使う表現も覚えようね。

※このページの英文の意味は別冊8ページに掲載しています

Listen and Repeat　観光中の会話を聞こう　🎧 19

ユウスケとソフィアがロサンゼルスを観光しています。音声で内容を確認したら声に出して読みましょう。

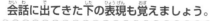

La Brea Tar Pits：ラ・ブレア・タールピット。天然アスファルトの池／California Science Center：カリフォルニア科学センター

会話に出てきた下の表現も覚えましょう。

Words & Phrases

Thank you for 〜：〜をありがとう／show 〜 around：〜にあちこち見せて回る／famous landmark：有名な目印／I can't believe I'm here.：ここにいるなんて信じられません／stands(stand) for 〜：〜を表す／law：法律／become 〜：〜になる／lawyer：弁護士／Way to go!：がんばって！／This is my first time to 〜：〜するのは初めてです／a place like this：このような場所／It's amazing.：すごいです／extinct：絶滅した／the Ice Age：氷河時代／astronauts(astronaut)：宇宙飛行士／were(are) on board：乗船した(する)／space shuttle：スペースシャトル／among Japanese people：日本人の間で

念をおすときに使う表現や「～する人」の言い方を確認しよう
20

Point 1

is[are, was, were]が使われている文で、「～ですね」と念をおしたり同意を求めたりするときは、文の最後にisn't[aren't, wasn't, weren't]＋主語？をつけます。動作や状態を表す動詞（visit、study、likeなど）が使われている文のときはdon't[doesn't, didn't]＋主語？を使います。主語はit、he、sheなどに置きかえます。

▶ That mountain is high, isn't it?（あの山は高いですね）
▶ Ken was busy yesterday, wasn't he?（ケンは昨日忙しかったですよね）
▶ You like to play soccer, don't you?（あなたはサッカーをするのが好きですよね）
▶ Jennifer visited her uncle last month, didn't she?
（ジェニファーは先月彼女の叔父さんを訪ねましたよね）
▶ John studies French, doesn't he?（ジョンはフランス語を勉強しているんだよね）
▶ You can play soccer, can't you?（君はサッカーができるよね）
▶ Mary will come, won't she?（メアリーは来るでしょうね）

-n'tはnotの短縮形だね。念をおすときに使う表現では必ず短縮形を使うよ。

can, will, have＋過去分詞形が使われているときはcan→can't、will→won't、have＋過去分詞形→haven'tになるよ。

Point 2

動詞や名詞に-er, -or, -ant, -ist, -ianなどがつくと「～する人」という意味を表します。

lead（導く）	leader（リーダー）
design（デザインする）	designer（デザイナー）
teach（教える）	teacher（教師）
act（演技する）	actor（俳優）
sail（航海する）	sailor（船乗り）
attend（出席する、世話をする）	attendant（案内係） flight attendant（飛行機の客室乗務員）
art（芸術）	artist（芸術家）
science（科学）	scientist（科学者）
music（音楽）	musician（音楽家）

そのほかにもsoccer player(サッカー選手)、news reporter(ニュースレポーター)、office worker(会社員)、engineer(技術者)など、職業の名前はたくさんあるよ。自分のなりたい職業名も調べてみよう。

こんな表現も一緒に覚えよう！

励ましやお祝いの言葉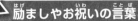

Good luck (to you)!（幸運を！）
Congratulations!（おめでとう！）／That's excellent!（すばらしいね！）
Hang in there!（[くじけずに]がんばってね！）／Keep up the good work!（その調子でがんばって！）
Better luck next time!（次はうまくいくよ！）

41

練習しよう

友だちの言ったことに対して、お祝いや励ましの言葉を書きましょう。書けたら声に出して言ってみましょう。

(1) Your friend: I passed the English test.

You: _____

(2) Your friend: I have a baseball game tomorrow.

You: _____

(3) Your friend: I didn't do very well on the math test.

You: _____

Challenge!

筆記問題とリスニング問題をやってみよう

40ページと41ページでやったことを思い出して、問題にチャレンジしてみましょう。
解答欄で答えの番号をぬりつぶしましょう。

Reading

筆記問題

目安時間
3分00秒

1 次の英文の（　　　　　）に入れるのに最も適切なものを1, 2, 3, 4の中から1つ選びなさい。

(1) A: UCLA? What does that mean?

B: It (　　　　　) for the University of California, Los Angeles.

1　catches　　2　does　　3　means　　4　stands

(2) A: This bus is big, (　　　　　)

B: Yes. It's an express bus between Tokyo and Yokohama.

1　isn't it?　　2　doesn't it?　　3　do you?　　4　aren't they?

(3) She paints every day because she wants to be an (　　　　　).

1　athlete　　2　artist　　3　pianist　　4　officer

2 次の会話について、（　　　）に入れるのに最も適切なものを1, 2, 3, 4の中から1つ選びなさい。

(1) Boy: I studied very hard yesterday, but I didn't do well in the history test.

Girl: (　　　　　)

1　You did a great job.　　2　Better luck next time.

3　Congratulations.　　4　I often forget.

(2) Customer: This desk is pretty. I'd like to buy it for my daughter.

Clerk: Thank you. (　　　　　　　)

1　It's too expensive.　　　　　　　　2　I'll show you around.

3　It's popular among young women.　　4　Please buy it next time.

(3) Woman: I want to study law and become a lawyer.

Man: Really? (　　　　　　　)

1　No problem.　　　　　　　　2　You are welcome.

3　This is my first time.　　　　4　Me, too.

【解答欄】

1	(1)	① ② ③ ④	(2)	① ② ③ ④	(3)	① ② ③ ④
2	(1)	① ② ③ ④	(2)	① ② ③ ④	(3)	① ② ③ ④

Listening

リスニング問題

21

1　イラストを参考にしながら対話と応答を聞き、最も適切な応答を1, 2, 3の中から1つ選びなさい。

1

2

3

2　対話と質問を聞き、その答えとして最も適切なものを1, 2, 3, 4の中から1つ選びなさい。

1　Math.

2　Music.

3　English.

4　Science.

3　英文と質問を聞き、その答えとして最も適切なものを1, 2, 3, 4の中から1つ選びなさい。

1　Artists.

2　Paintings.

3　Designs.

4　Ships.

【解答欄】

1	① ② ③
2	① ② ③ ④
3	① ② ③ ④

Unit 6 の ふりかえり

今日の学習で理解できたこと、むずかしかったことを書きましょう。

祖父母の家に行こう
(where to 〜、how to 〜、道案内の表現)

このUnitでは「どこで〜するか」「〜の仕方、方法」といった表現に加えて、道案内のときに使えるさまざまな表現を学ぶよ。電車などの乗り物に関連した表現も覚えようね。

※このページの英文の意味は別冊10ページに掲載しています

Listen and Repeat　道案内の会話を聞こう

22

ダニエルとソフィアが、隣町に住む祖父母の家を初めて2人だけで訪れます。音声で内容を確認したら声に出して読みましょう。

1 Memo from Mom

Directions to your grandparents' house.

1. Take a train from Brick Station.
2. Get off at Vermont. It takes 10 minutes from Brick to Vermont.
3. Take a bus from Vermont Station to Stevenson.
4. Call Grandma when you arrive at the bus station.

2 At the station

① Please tell me where to catch the train to Vermont.

② The train for Vermont leaves from Platform 3.

③ Is there a train leaving soon?

④ Yes, in five minutes.

3 At Vermont Station

① Which bus goes to Stevenson?

② A bus from Bus Stop 1 will take you to Stevenson. Buses for Stevenson only come every hour, so don't miss it.

③ Sure, thank you.

4 At the bus station

① Hello, Grandma, I'm at the bus station now. Can you tell me how to get to your house?

② Hi, Sophia. Sure. Go straight along the street. You can see our house next to the bank.

③ Thank you. See you soon.

会話に出てきた下の表現も覚えましょう。

Words & Phrases

Directions(Direction)：方向、道順／get off：降りる／It takes 〜 from A to B：AからBへ行くのに〜(時間)かかります／Please tell me where to 〜：どこで〜するか教えてください／platform：(駅の)ホーム／Is there a train leaving soon?：すぐに出発する電車はありますか／A bus from Bus Stop 1 will take you to Stevenson.：1番停留所からのバスに乗るとスティーブンソンに行けます／only come every hour：1時間に1本だけくる／don't miss it：逃さないで／Can you tell me how to get to 〜?：〜への行き方を教えてくれますか／next to 〜：〜の隣／bank：銀行

Point 1

「どこで〜するか（where to 〜）」「〜の仕方（how to 〜）」の表現を確認しましょう。

▶ Please tell me where to buy a stamp. （どこで切手を買えるか教えてください）
▶ Please tell me how to get to the station. （駅への行き方を教えてください）

> what to、when toはUnit 4で出てきたね。Please tell me 〜は「〜を教えてください」の意味だよ。

Point 2

道案内に関するさまざまな表現を確認しよう。

▶ Go straight along this street. （この道をまっすぐに行きなさい）
▶ Turn right[left] at the next corner. （次の角で右に[左に]曲がりなさい）
▶ You can see the school on your right[left]. （学校が右側[左側]に見えます）
▶ Please tell me the way to the library. （図書館への行き方を教えてください）
▶ On your way to the museum, you can see the post office on your right.
（博物館への途中で、郵便局が右手に見えます）
▶ The post office is in front of you. （郵便局はあなたの正面にあります）
▶ I'm a stranger here. （私はこのあたりのことをよく知りません）
▶ I'll(=I will) show you the way. （ご案内しますよ）

こんな表現も一緒に覚えよう！

乗り物に関連した表現

get on the train （電車に乗る）／get off the train （電車を降りる）
take off （離陸する）：A plane will take off soon. （飛行機がまもなく離陸します）
fly to 〜 （飛行機で〜へ行く）：I'll fly to China. （私は飛行機で中国へ行きます）
change trains （電車を乗りかえる）：Please change trains at the next station.
（次の駅で電車を乗りかえてください）
How long does it take to 〜? （〜するにはどのくらい時間がかかりますか）：How long does it take to get there by car? （車でそこに行くにはどのくらい時間がかかりますか）

練習しよう

(1) 文字はなぞり、「友だちへのプレゼントはどこで買えるか教えてください」と書いて、言ってみましょう。

Please tell me （　　　　　　　　　　　　　　　　　　　）
for my friend.

(2) 「図書館への行き方を教えていただけますか」と書いて、言ってみましょう。

Could you tell me （　　　　　　　　　　　　　）?

筆記問題とリスニング問題をやってみよう

44ページと45ページでやったことを思い出して、問題にチャレンジしてみましょう。
解答欄で答えの番号をぬりつぶしましょう。

目安時間
3分00秒

Reading

筆記問題

1 次の英文の（　　　　）に入れるのに最も適切なものを1, 2, 3, 4の中から1つ選びなさい。

(1) A: Could you tell me the (　　　　　　) to the museum?
　　B: Sure, go straight and turn right at the first corner.
　　1　way　　　　　2　map　　　　　3　now　　　　　4　bookstore

(2) Please tell me (　　　　　　) to get to the station.
　　1　map　　　　　2　how　　　　　3　what　　　　　4　train

(3) (　　　　　　) your way to the station, you can find a stationery store on your right.
　　1　On　　　　　2　In　　　　　3　When　　　　　4　Where

2 次の会話について、（　　　　）に入れるのに最も適切なものを1, 2, 3, 4の中から1つ選びなさい。

(1)　　Man: How long does it take from Tokyo to Niigata by train?
　　Woman: (　　　　　　)
　　1　About two hours.　　　　　　2　Turn right.
　　3　A hundred yen.　　　　　　　4　It's easy.

(2)　Woman: Is there a post office around here?
　　　Man: (　　　　　　)
　　1　Yes, there is a bookstore.　　　　2　It wasn't true.
　　3　Yes, you can see it on your right.　　4　I can find it easily.

(3)　　　Man: I don't know where to buy a present for my mother.

　　　Woman: (　　　　　　　　　) You can buy her some flowers.

　　1　Books are good.

　　2　I wrote a birthday card.

　　3　How about the flower shop near here?

　　4　Why don't you bake a cake?

【解答欄】

1	(1)	①	②	③	④	(2)	①	②	③	④	(3)	①	②	③	④
2	(1)	①	②	③	④	(2)	①	②	③	④	(3)	①	②	③	④

Listening　リスニング問題

24

1 イラストを参考にしながら対話と応答を聞き、最も適切な応答を1, 2, 3の中から1つ選びなさい。

1

2

3

2 対話と質問を聞き、その答えとして最も適切なものを1, 2, 3, 4の中から1つ選びなさい。

1　He wants to go to the bookstore.

2　He wants to get a bag.

3　He wants to see his friend.

4　He wants to buy a birthday card.

3 英文と質問を聞き、その答えとして最も適切なものを1, 2, 3, 4の中から1つ選びなさい。

1　Take a train.

2　Get off a bus.

3　Take a bus.

4　Walk to her uncle's house.

【解答欄】

1	①	②	③	
2	①	②	③	④
3	①	②	③	④

Unit 7 の ふりかえり

今日の学習で理解できたこと、むずかしかったことを書きましょう。

電話やメールでやりとりしよう
(誘いの表現、電話の表現、haven't[hasn't] 〜)

このUnitでは、電話やメールをするときによく使う誘いの表現やその返事の仕方を学ぶよ。また、「まだ〜していない」と、何かすることをまだ終えていないときの言い方なども練習しよう。

※このページの英文の意味は別冊11ページに掲載しています

Listen and Repeat　電話での会話を聞こう

25

マユとダニエルは、電話でクラスメートのティナの誕生日について話しています。音声で内容を確認したら声に出して読みましょう。

1

① Hello, this is Mayu. May I speak to Daniel, please?

② Hi, Mayu. Sure, hold on a minute.

2

① Hi, Mayu. How are you?

② I'm fine. I'm planning to have a surprise birthday party for Tina this Saturday. Would you like to join us?

③ I'd love to. I want Tom to join us, too.

④ That's a great idea!

3

From: Daniel
To: Tom
Date: June 16, 2022 18:45
Subject: A surprise party for Tina
- -
Hi, Tom, how are you? Mayu and I are going to have a surprise birthday party for Tina this Saturday. We're having it at Mayu's house. It will start at 4 o'clock. Can you join us? If you can, would you think about giving a small present to her? Anything will be fine.
See you,
Daniel

4

From: Tom
To: Daniel
Date: June 16, 2022 19:48
Subject: Thank you
- -
Hi, Daniel, thank you very much for the invitation to Tina's birthday party. I'd love to join you, but I have to take part in a soccer game on that day. Also, I haven't finished the school project yet. I hope you enjoy the party.
See you at school on Monday,
Tom

Words & Phrases

会話に出てきた下の表現も覚えましょう。

May I speak to 〜?：〜とお話しできますか／hold on a minute：ちょっとお待ちください／I'm planning to 〜：〜を計画しています／have a surprise birthday party：サプライズ(不意打ちの)誕生日パーティーをする／Would you like to 〜?：〜したいですか／I'd love to.：ぜひしたいです／want＋人＋to 〜：(人)に〜してほしい／Can you 〜?：〜できますか／think about 〜：〜について考える／Anything will be fine.：なんでもいいです／take part in 〜：〜に参加する／I haven't finished 〜 yet：まだ〜を終えていません／I hope you enjoy 〜：あなた(たち)が〜を楽しむことを望みます

Point 1

誘いの表現と、その返事について確認しましょう。

▶ Can you go **to see a movie this Sunday**? (今週の日曜日に映画を見に行けますか)

▶ Would you like to go **to a concert tonight**? (今晩コンサートに行くのはいかがですか)

▶ Shall we go **to the art museum next week**? (来週、美術館に行きませんか)

▶ How about playing **tennis this afternoon**? (今日の午後、テニスをするのはいかがですか)

▶ Why don't we go **to the library together on Saturday**?
(土曜日に図書館に一緒に行きませんか)

いろいろな表現の仕方があるね。Can you ～?は CanのかわりにCouldを使うともっとていねいになるよ。How aboutの後は動詞が-ingの形になることに注意しよう。

受け入れの表現	断りの表現
▶ That's a good idea. (いいですね) ▶ Sounds good. (いいですね) ▶ I'd love to. (ぜひしたいです)	▶ I'd love to, but I have to do my homework. (ぜひしたいのですが、宿題をしなければなりません) ▶ I'm afraid I can't.(残念ながらできません)

Point 2

電話のときに使う表現を確認しましょう。

▶ Can[May] I talk/speak to **Toshi**, please? (トシとお話しできますか)
— He isn't here right now. (彼は今ちょうどここにいません)
— Hold on a minute, please. / Just a moment, please. (少々お待ちください)

▶ Can I take a message? (伝言はありますか) — Yes, please. (はい、お願いします)

▶ Can I leave a message? (伝言を残せますか) — Sure. (もちろんです)

Point 3

することを「まだ終えていない」ときは、have[has] ＋ not ＋過去分詞形で表します。
yetは「まだ～（していない）」、alreadyは「すでに」の意味です。

▶ I haven't (=have not) finished **my homework** yet. (私はまだ宿題を終えていません)

▶ She hasn't (=has not) written **a letter** yet. (彼女はまだ手紙を書き終えていません)

▶ Have you already started **a new class**? (すでに新しいクラスは始まりましたか)
— No, not yet. (いいえ、まだです)

finish(終わる)-finished-finished　　write(書く)-wrote-written

start(始まる)-started-started

Practice 練習しよう

「ポイント1」の表現を参考にして友だちに誘いのメールを書きましょう。

Hi, _____（友だちの名前）, how are you?

_____

_____

_____（See you, Take care, などの結びの言葉）

（自分の名前）

Challenge! 筆記問題とリスニング問題をやってみよう

48ページと49ページでやったことを思い出して、問題にチャレンジしてみましょう。
解答欄で答えの番号をぬりつぶしましょう。

目安時間
6分00秒

Reading 筆記問題

次のメールの内容に関して、（1）から（3）までの質問に対する答えとして最も適切なもの
を1, 2, 3, 4の中から1つ選びなさい。

From: Chie Nakagawa   To: Nancy Smith   Date: August 1, 2022 9:00
Subject: Summer Project

Dear Nancy,
How are you? Are you enjoying your summer vacation? By the way, have you already finished your summer project? We have to find out* about cultures* in other countries. I haven't finished my project yet, but I'd like to find out about the different* cultures in Canada. My grandparents live in Canada, so I want to know more about that country. If you haven't done yours yet, would you like to go to the library with me this Saturday? Please let me know*.
See you,
Chie

From: Nancy Smith   To: Chie Nakagawa   Date: August 3, 2022 12:00
Subject: Stay in England

Dear Chie,
Thank you for your e-mail. I've been at my grandparents' house in England for this summer vacation. England has different cultures. Many people prefer drinking tea to* coffee. I'm interested in* the cultures here in England, so I'll study them for my summer project. I'd love to go to the library with you, but I'll not get back to Japan till* the end of* August. So I can't go, but I'd like to see you at the end of* August. Please enjoy the rest* of your summer vacation.
Take care,
Nancy

---

*find out：発見する、調べる　*cultures：文化　*different：異なった　*let me know：私に知らせる　*prefer ... to ～：～よりも…を好む　*am interested in ～：～に興味がある　*till ～：～まで　*at the end of ～：～の終わりに　*the rest of ～：～の残り

50

(1) What do they have to do during the summer?
    1 Go to the library.   2 Enjoy the summer.
    3 Do a summer project.   4 Work hard.

(2) Where does Chie want to go with Nancy?
    1 To Canada.   2 To the library.
    3 To school.   4 To England.

(3) When will Nancy come back?
    1 At the end of August.   2 Next year.
    3 Last year.   4 At the end of fall.

【解答欄】

(1)	① ② ③ ④	(2)	① ② ③ ④	(3)	① ② ③ ④

Listening   **リスニング問題**

1 イラストを参考にしながら対話と応答を聞き、最も適切な応答を1, 2, 3の中から1つ選びなさい。

1

2

3

2 対話と質問を聞き、その答えとして最も適切なものを1, 2, 3, 4の中から1つ選びなさい。

1 Clean the dining room.
2 Buy something.
3 Finish his homework.
4 Clean the living room.

3 英文と質問を聞き、その答えとして最も適切なものを1, 2, 3, 4の中から1つ選びなさい。

1 Margaret's.
2 Natasha's.
3 Nancy's.
4 Tina's.

【解答欄】

1	① ② ③
2	① ② ③ ④
3	① ② ③ ④

Unit 8 の ふりかえり

今日の学習で理解できたこと、むずかしかったことを書きましょう。

unit 9 誕生日パーティーに参加しよう
(I'm ～、Do you know ～?)

このUnitではI'mで始まるいろいろな表現を勉強するよ。また、Do you knowで始まる文の中にwhereやwhenなどが使われる表現も練習しよう。誕生日パーティーに関する表現も覚えようね。

※このページの英文の意味は別冊12ページに掲載しています

Listen and Repeat　パーティーでの会話を聞こう

28

今日はティナの誕生日パーティーの当日です。音声で内容を確認したら声に出して読みましょう。

Words & Phrases

会話に出てきた下の表現も覚えましょう。

bought(buy)：買った(買う)／What beautiful roses!：なんてきれいなバラでしょう！／I'm glad ～：～でうれしいです／Do you think ～?：～と思いますか／I'm sure she will.：きっと彼女は(そうする)と思います／She's Tina's friend, isn't she?：彼女はティナの友だちですよね／Do you know where she's from?：彼女がどこの出身か知っていますか／Call me ～：私を～とよんでください

I'm 〜、やDo you know 〜?を使った表現を確認しよう
29

Point 1

I'm（＝I am）を使ったさまざまな表現について確認しましょう。I'm glad、I'm sorry、I'm sureの後ろにはそれぞれ文が入ります。

こんな表現も一緒に覚えよう！

▶ I'm glad you like them.（あなたがそれらを気に入ってくれてうれしいです）
▶ I'm sorry I'm late for the meeting.（ミーティングに遅れてごめんなさい）
▶ I'm sure she will come.（きっと彼女は来ると思います）

I'm proud of my mother.（私は母を誇りに思います）
I'm afraid of dogs.（私は犬が怖いです）
I'm busy with my work.（私は仕事で忙しいです）
I was surprised at the news.（私はそのニュースに驚きました）
My father is angry at me.（父は私を怒っています）
My mother is worried about my sister.（母は姉を心配しています）
She was in time for the meeting.（彼女はミーティングに間に合いました）
We're(=We are) tired of watching TV.（私たちはテレビを見ることにうんざりしています）
She's always kind to me.（彼女はいつも私に親切です）

> これらはみんな主語＋am、is、are[was、were] 〜という形で使える表現だね。

Point 2

Do you knowの後ろにwhere、when、what、howがくる表現について確認しましょう。

▶ Do you know where she's from?（彼女がどこの出身か知っていますか）
▶ Do you know when the shop will open?（そのお店がいつ開くかわかりますか）
▶ Do you know what we should do next?（次に何をするべきかわかりますか）
▶ Do you know how I can use this machine?
（どのようにこの機械を使うことができるかわかりますか）

> 単独での疑問文のときはWhere is she from?だけれど、Do you knowが前につくと、whereの後ろの文の語順が変わるんだね。
> Do you know where she is from?となるよ。

こんな表現も一緒に覚えよう！

誕生日に関連した表現

receive a birthday card（誕生日カードを受け取る）
birthday cake（バースデーケーキ）
turn on the light（電気をつける）／turn off the light（電気を消す）
Happy birthday!（お誕生日おめでとう！）／Congratulations!（おめでとう！）
It makes ＋人＋気持ちや状態を表す言葉：It makes me happy.（それは私を幸せにしてくれます）
Thank you for -ing.（〜してくれてありがとう）：Thank you for inviting me to the party.
（パーティーに招待してくれてありがとう）
celebrate（祝う）：We had a party to celebrate Tina's 11th birthday.（私たちはティナの11歳の誕生日を祝うためにパーティーをしました）

練習しよう

文字をなぞり、（　　　　）には自分のことや他の人のことを書きましょう。書けたら声に出して言ってみましょう。

(1) I'm proud of （　　　　　　　　　　　　　　　）.

(2) I'm afraid of （　　　　　　　　　　　　　　　）.

(3) I'm busy with （　　　　　　　　　　　　　　）.

(4) （　　　　　　　　　　　） is always kind to me.

筆記問題とリスニング問題をやってみよう

52ページと53ページでやったことを思い出して、問題にチャレンジしてみましょう。
解答欄で答えの番号をぬりつぶしましょう。

Reading

筆記問題

目安時間
3分00秒

1 次の英文の（　　　　）に入れるのに最も適切なものを1, 2, 3, 4の中から1つ選びなさい。

(1) A: How was your birthday party?
　　B: It was wonderful. I (　　　　　　) a lot of cards.
　　1 made　　　　**2** went　　　　**3** received　　　　**4** bought

(2) A: Do you know (　　　　　　) I can catch a bus to the station?
　　B: Sure, there is a bus stop over there.
　　1 where　　　　**2** what　　　　**3** who　　　　**4** when

(3) I hurried, but I was not in (　　　　　　) for the meeting.
　　1 clock　　　　**2** minute　　　　**3** time　　　　**4** watch

2 次の会話について、（　　　　）に入れるのに最も適切なものを1, 2, 3, 4の中から1つ選びなさい。

(1) Woman: Hi, nice to meet you, Mr. Smith.
　　　Man: Nice to meet you, too. (　　　　　　)
　　1 Please call me Mike.　　　　**2** I'm fine with it.
　　3 Yes, it was a great job.　　　　**4** I know her well.

(2) 　　Son: Dad, I passed the test!
　　Father: (　　　　　　) You did a good job!
　　1 Happy birthday.　　　　**2** Not so great.
　　3 Difficult task.　　　　**4** Congratulations.

(3)　Girl: Do you know where Mark is from?

　　Boy: (　　　　　　)

　　1　He is from New Zealand.　　**2**　He came to Japan last month.

　　3　He is a new student.　　**4**　Yes, he does.

【解答欄】

1	(1)	①	②	③	④	(2)	①	②	③	④	(3)	①	②	③	④
2	(1)	①	②	③	④	(2)	①	②	③	④	(3)	①	②	③	④

Listening　リスニング問題

30

1　イラストを参考にしながら対話と応答を聞き、最も適切な応答を1, 2, 3の中から1つ選びなさい。

1

2

3

2　対話と質問を聞き、その答えとして最も適切なものを1, 2, 3, 4の中から1つ選びなさい。

1　Twenty.

2　Ten.

3　Two.

4　Twelve.

3　英文と質問を聞き、その答えとして最も適切なものを1, 2, 3, 4の中から1つ選びなさい。

1　A cake.

2　A book.

3　A scarf.

4　Flowers.

【解答欄】

1	①	②	③	
2	①	②	③	④
3	①	②	③	④

Unit 9 の ふりかえり

今日の学習で理解できたこと、むずかしかったことを書きましょう。

長文を読んでみよう（1）
(if、before、after)

このUnitでは少し長い英文を読んでみるよ。if、before、afterなど、文と文をつなぐ働きをする言葉に注意しながら読んでみよう。時や場所に関する表現もしっかりおさえようね。

※このページの英文の意味は別冊14ページに掲載しています

Let's Read!　お話を読んでみよう　🎧31

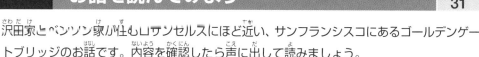

沢田家とベンソン家が住むロサンゼルスにほど近い、サンフランシスコにあるゴールデンゲートブリッジのお話です。内容を確認したら声に出して読みましょう。

The Golden Gate Bridge

　Have you ever heard of the Golden Gate Bridge? It is a suspension bridge* over the Pacific Ocean* between San Francisco and Marin County*. It is 2,737 meters long and 227 meters high. The construction* of the bridge started in 1933 and finished in 1937. Before the bridge was built, people had to travel between San Francisco and Marin County by ferry. So many people waited for the bridge to be built. Now people can cross the bridge by car and by bicycle, and they can even walk across the bridge.

　The Golden Gate Bridge is one of the most popular places in San Francisco, and it attracts many tourists from all over the world. One of the reasons for the popularity of the bridge is its color. Because of the name of the Golden Gate Bridge, you may think it is gold, but in fact, it is International Orange*. San Francisco is often covered with fog*, but the orange bridge can be seen clearly, even in fog. This is one of the reasons why orange was chosen. This orange color contrasts* with the blue color of the ocean during daytime and contrasts with the darkness at night.

　On the southeast end of the bridge, there is a place for visitors called the Golden Gate Bridge Visitor Plaza. At the plaza, you can get information about the bridge and buy souvenirs. At a café there, you can have a nice view of the bridge.

　The Golden Gate Bridge has many charms*. You can walk across the bridge, see it over the ocean during daytime, and enjoy the night view. You can also enjoy a cup of coffee after you buy some souvenirs for your friends. If you have a chance to visit San Francisco, please don't forget to visit one of the most beautiful bridges in the world.

＊suspension bridge：つり橋／＊Pacific Ocean：太平洋／＊Marin County：マリン郡／＊construction：建設／＊International Orange：インターナショナルオレンジ。赤と黄色の中間で「朱色」に近い色／＊fog：霧／＊contrast：対照をなす／＊charm：魅力

Words & Phrases

長文に出てきた下の表現も覚えましょう。

before ～：～より前に／ferry：フェリー／attracts(attract)：魅了する／all over the world：世界中の／because of ～：～のために／in fact：実際には／is covered with ～：～で覆われる／darkness：暗さ／souvenirs(souvenir)：土産品／view：眺め／after ～：～の後に／if ～：もし～なら／forget：忘れる

32

if（もし〜なら）、before（〜する前に）、after（〜した後）を使った表現を確認しましょう。

▶ If it rains tomorrow, we'll not go camping.
（もし明日雨なら、私たちはキャンプには行きません）

▶ Before the class starts, let's have some tea.（授業が始まる前にお茶を飲みましょう）
　=Let's have some tea before the class starts.

▶ After you finish your homework, please help me with my homework.
（あなたが宿題を終えた後に私の宿題を手伝ってくださいね）

ifのすぐ後の文では、If it rains tomorrow, 〜のように、明日のことでも未来を表すwillは使わないよ（× If it will rain tomorrow, 〜）。beforeとafterは、文のはじめに出すことも文の途中に入れることもできるよ

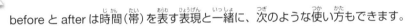

beforeとafterは時間（帯）を表す表現と一緒に、次のような使い方もできます。

▶ Come back home before 5 o'clock.（5時前に家に帰ってきなさい）

▶ After dinner, take a bath.（夕ごはんの後、お風呂に入りなさい）

■そのほかの表現

at＋特定の時間	at 10:00 a.m.（午前10時に）
on＋特定の日	on Friday（金曜日に）
in＋月や年	in August（8月に）
at＋特定の住所	at 324 South Main Street（南メインストリート324番地で）
on＋道	on Maple Avenue（メイプル通りで）
in＋特定の市や国	in Sydney（シドニーで）

■前置詞を使った表現

in front of 〜（〜の前で）⟷ at the back of 〜（〜の後ろに）
at first（最初は）
at last（ついに）
at the end of 〜（〜の終わりに）
on time（時間通りに）
on business（仕事で）

名詞（ものや人、場所などの名前）のすぐ前に置いて物と物の関係を表すinやat、onなどの言葉は「前置詞」と言うんだよ。

前置詞がつくことで時や場所、方向、手段などを表すのね。

練習しよう

56ページの下線部をよく読んで質問に答えましょう。（5）は自分の意見を書きましょう。書けたら声に出して言ってみましょう。

(1) How long is the Golden Gate Bridge?

————_____

(2) How high is the Golden Gate Bridge?

————_____

(3) When was it built?

————_____

(4) What color is the bridge?

————_____

(5) Do you want to go and see the Golden Gate Bridge?
Why? Why not?

————_____

筆記問題をやってみよう

56ページと57ページでやったことを思い出して、問題にチャレンジしてみましょう。
解答欄で答えの番号をぬりつぶしましょう。

筆記問題

目安時間
10分00秒

次の英文の内容に関して、（1）から（5）までの質問に対する答えとして最も適切なものを1, 2, 3, 4の中から1つ選びなさい。

The Eiffel Tower*

Do you know the Eiffel Tower in France? It is a tower at the end of the Champ de Mars* in Paris. Tourists from Japan as well as all over the world visit the tower when they come to Paris. It was designed by the engineer Gustave Eiffel, and the tower was named after* him.

When it was built, many people criticized its design. However, it has become one of the most popular places in France. In 1991, an area of Paris near the River Seine*, including the tower, became a World Heritage Site*.

The tower is 324 meters tall and has three floors. On the first and second floor, there are restaurants and souvenir shops. On the third floor, there is an observatory* with a nice view of Paris.

The admission charges* vary*. If you want to go to the highest floor by elevator, the charge is 26.80€* for adults, 13.40€ for youths and 6.70€ for children. If you prefer to walk up to the second floor, the charge is 10.70€ for adults, 5.40€ for youths and 2.70€ for children. You may have to wait to enter the tower, but you should try to go up to the top to see a beautiful view of Paris.

※料金は2022年8月現在の情報です。

＊Eiffel Tower：エッフェル塔（フランスのパリにある塔）／＊Champ de Mars：シャン・ド・マルス（公園）／＊was named after…：〜にちなんで名づけられた／＊River Seine：セーヌ川／＊World Heritage Site：世界遺産／＊observatory：展望台／＊admission charge：入場料／＊vary：変化する／＊€：ユーロ（ヨーロッパで広く使われている通貨の単位）

(1) Why was the tower named the Eiffel Tower?
    1 It was named after its engineer.
    2 It was built for people in Paris.
    3 It was named after Paris.
    4 It was built on the Champ de Mars.

(2) When did the area, including the tower, become a World Heritage Site?
    1 In 1889.
    2 In 1991.
    3 In 2008.
    4 In 2011.

(3) How tall is the tower?
    1 300 meters tall.
    2 7 meters tall.
    3 200 meters tall.
    4 324 meters tall.

(4) How many floors are there in the tower?
    1 Four.
    2 Two.
    3 Three.
    4 Five.

(5) What is this story about?
    1 The Eiffel Tower in Paris.
    2 Paris in France.
    3 The Eiffel Tower's five floors.
    4 The reason why a tower was built.

【解答欄】

1	①	②	③	④
2	①	②	③	④
3	①	②	③	④
4	①	②	③	④
5	①	②	③	④

Unit 10 の ふりかえり

今日の学習で理解できたこと、むずかしかったことを書きましょう。

ライティング問題に挑戦しよう(2)

問題とその解説・解答例を確認し、ライティングのポイントをつかみましょう。ここでは2通りの解答パターン（型）でやってみましょう。実際はどちらのパターンで書いても大丈夫です。

QUESTION 2 What is your favorite pet?

解説

1文目にMy favorite pet is ～（私の好きなペットは～です）を使って自分の考えを書きます。次に、because（～なので）を続けて1つ目の理由、Also,（また～）に続けて、2つ目の理由を述べます。

解答例

<u>My favorite pet is</u> a dog <u>because</u> I have a pet dog and he is very friendly. <u>Also,</u> I can have good exercise when I walk him. (27語)

> 全訳
>
> **QUESTION 2** あなたの好きなペットは何ですか。
>
> 解答例：私の好きなペットは犬です。私はペットに犬を飼っていて、とても人なつっこいからです。また、犬を散歩に連れ出すとよい運動ができるからです。

自分で書いてみよう

解答例を参考に、STEP 1～3の段階をふんで英作文に挑戦しましょう。

STEP 1 下の薄い文字をなぞり、（　　）部分は自分で考えて書きましょう。

My favorite pet is (　　　　　　　　　　　　　　　　　　　　　　　　　).

STEP 2 STEP 1で書いた答えに対する理由を2つあげましょう。

because (　　　　　　　　　　　　　　　　　　　　　　　　　　　　).

Also, (　　　　　　　　　　　　　　　　　　　　　　　　　　　　　).

STEP 3 STEP 1、2の解答をつなげて、25語～35語で文をまとめましょう。

_____

_____

_____

_____

QUESTION 3 What place do you like in your town?

解説
かいせつ

1文目にI like ～ in my town.（私は自分の町で～が好きです）の表現を使って自分の考えを書きます。次に、I have two reasons.（2つの理由があります）と書いてから、First,（最初に～）を続けて1つ目の理由、Second,（2つ目に～）に続けて、2つ目の理由を述べます。

解答例
かいとうれい

I like the library in my town. I have two reasons. First, it is quiet, so I can study a lot.
Second, I like historical novels, and I can find many of them there.（34語）

全訳 ぜんやく	QUESTION 3 あなたの町でどの場所が好きですか。 解答例：私は町の図書館が好きです。2つの理由があります。最初に、そこは静かなのでたくさん勉強できるからです。2つ目に私は歴史小説が好きで、そこではそれら（歴史小説）をたくさん見つけることができるからです。

自分で書いてみよう
じぶんでかいてみよう

解答例を参考に、STEP 1～3の段階をふんで英作文に挑戦しましょう。

STEP 1 下の薄い文字をなぞり、（　　）部分は自分で考えて書きましょう。

I like （　　　　　　　　　　　　　　　　　） in my town. I have
two reasons.

STEP 2 STEP 1で書いた答えに対する理由を2つあげましょう。

First, （　　　　　　　　　　　　　　　　　　　　　　　　　）.
Second, （　　　　　　　　　　　　　　　　　　　　　　　　
　　　　　　　　　　　　　　　　　　　　　　　　　　　　）.

STEP 3 STEP 1、2の解答をつなげて、25語～35語で文をまとめましょう。

_____

_____

_____

_____

疑問文を作るときに必要な言葉

1　When (いつ)：「時」を聞くときに使います。
33

When does your piano lesson start, Robert? (ロバート、君のピアノレッスンはいつ始まるの?)
— It starts after dinner, Mr. Shaw. (夕ごはんの後です、ショー先生)

次の質問について、自分のことを書きましょう。　　　※解答例と英文の意味は別冊15ページに掲載しています

答えて
みよう

(1) When do you go swimming?

_____

(2) When were you born?

_____

2　Where (どこで)：「場所」を聞くときに使います。
34

Where did Mark get his cap? (マークはどこで帽子を買いましたか)
— He got it at a store near the station. (駅のそばのお店で買いました)

次の答えになるような質問を作ってみましょう。

作って
みよう

(1) 質問 _____　 I live in Tokyo, Japan.

(2) 質問 _____　 Japan is in Asia.

3　Who (だれか)：「名前やだれか」をたずねるときに使います。
35

Who gave a speech? (だれがスピーチをしたのですか) — Ms. Jones did. (ジョーンズ先生です)
Who is that tall girl? (あの背の高い少女はだれですか) — She is Emily. (彼女はエミリーです)

次の質問について、自分のことを書きましょう。

答えて
みよう

Who is your classroom teacher?

_____

「だれが」と初めに聞かれたら答え
の文は名前を先に出すよ。でもだ
れかを示して「あの人はだれ?」と
聞くときは、「あの人は〔彼[彼女]
は〕」が答えの最初にくるよ。

4　Whose (だれの、だれのもの)：「だれの、だれのもの」と2つの意味があります。
36

Whose bike is broken? (だれの自転車が壊れているの?)
— My brother's bike is broken. (私の兄の自転車が壊れているんだよ)
Whose bag is this? (これはだれのバッグですか) — It's Michael's. (それはマイケルのものです)

だれのスニーカーかたずねる質問を作ってみましょう。

作って
みよう

_____ sneakers are _____ ?

When、Where、Who、Whose、What、Which、Why、Howについてもう一度確認してみましょう。
いつ、どこで、だれがなどという情報は最も知りたいことなので、文の先頭に来ます。

What（何）：「何か」を聞くときに使います。What timeで「何時」となります。 37

5
What happened on January 20, 1961? （1961年1月20日に何が起こりましたか）
— John F. Kennedy became the president of the United States.
（ジョン・F・ケネディがアメリカの大統領になりました）
What time will he take the train tomorrow? （明日．彼は何時に電車に乗りますか）
— At 9:30 in the morning. （朝9時30分です）

次の質問について、自分のことを書きましょう。

答えて
みよう
What time did you get up this morning?

Which（どちら）：「どちらが、どれが」とたずねるときに使います。 38

6
Which train goes to Tokyo? （どちらの列車が東京に行きますか）
— That blue train does. （あの青い列車です）
Which subject do you like better, English or French?
（英語とフランス語ではどちらの科目が好きですか）
— I like English better. （私は英語のほうが好きです）

> Which ~ do you like better,
> A or B?は「AとBとではどちらが好きですか」という意味ね。

次の質問について、自分のことを書きましょう。

答えて
みよう
Which season do you like better, spring or fall?

Why（なぜ）：「理由」を聞くときに使います。 39

7
Why is she crying? （なぜ彼女は泣いているのですか）
— She's crying because her brother ate her cookies. （弟が彼女のクッキーを食べてしまったので泣いています）

How（どのように、どれくらい）：程度や手段を聞くときに使います。 40

How often「どのくらい（頻度）」、How long「どのくらい長く（期間や長さ）」、How much「どのくらい（値段・量）」、How many「いくつ（数）」、How old「どのくらい古い、年をとって（年齢など）」、How many times「何回（回数）」などの表現があります。

8
How can I get there? （どのようにしたらそこへ行けますか）
— You can take the bus. （バスで行くことができます）
How often do you travel abroad? （あなたはどのくらい海外旅行をしていますか）
— Twice a year. （1年に2回です）
How long have you lived here? （あなたはどのくらい長くここに住んでいますか）
— For 10 years. （10年間です）
How much did you pay? （あなたはどのくらい払ったのですか） — I paid $12. （12ドル払いました）
How many times have you been to New York? （ニューヨークに何回行ったことがありますか）
— Only a few times. （数回だけです）

授業や勉強の話をしよう

(because 〜、ask, tell, want＋人＋to 〜)

ここでは理由を説明するときに使うbecauseの表現を学習するよ。また、「人に〜するように頼む」「人に〜してもらいたい」などの表現はtoの後ろの部分がポイントになるよ。しっかりと理解しようね。

※このページの英文の意味は別冊15ページに掲載しています

Listen and Repeat 　教室での会話を聞こう

41

ダニエルとマユが教室で話しています。音声で内容を確認したら声に出して読みましょう。

 **Words & Phrases**

会話に出てきた下の表現も覚えましょう。

because 〜：〜なので／told(tell) everyone to be quiet：みんなに静かにするように言った（言う）／carefully：注意深く／the meaning of 〜：〜の意味／Take your time.：（急がずに）ゆっくりでいいです／It means "You don't have to hurry."：「急ぐ必要はない」を意味します／I want you to come：あなたに来てほしいです／I'll be a little late.：少し遅れます／have to return：返さなければならない

Point 1

because 〜は「〜なので」と理由を表します。

▶ We didn't go shopping because it was raining.
（雨が降っていたので私たちは買い物に行きませんでした）

becauseの後ろに入るいろいろな理由を考えてみよう。	I can't go there [because I'm busy. / because my mother is sick. / because I have to finish my homework. / because I have to practice tennis on Sunday morning.] （私はそこに行くことができません。[忙しいので／母が病気なので／宿題を終わらせなければならないので／日曜日の朝はテニスの練習をしなければならないので]）

Point 2

ask＋人＋to 〜で「（人）に〜するように頼む」、tell＋人＋to 〜で「（人）に〜するように言う」、want＋人＋to 〜で「（人）に〜してもらいたい」の意味になります。

▶ I asked him to help me with my homework.
（私は彼に宿題を手伝ってくれるように頼みました）
▶ Mom told me to walk Max in the park.
（母は私にマックスを公園で散歩させるように言いました）
▶ I want you to feed the dog. （私はあなたに犬にえさをあげてほしいです）

ask(頼む)-asked-asked　　tell(言う)-told-told

toの後ろには「してもらいたいこと」が入るんだね。

こんな表現も一緒に覚えよう！

先生や友だちと話すときに使える表現 ■ ■ ■ ■ ■ ■ ■ ■ ■ ■ ■ ■ ■

agree with 〜（〜に賛成する）：I agree with you. （あなたに賛成です）
pass the test（テストに合格する）／fail the test（テストに落ちる）
have a/the test（テストがある）：I have a math test tomorrow. （明日算数のテストがあります）
prepare for 〜（〜の準備をする）：I have to prepare for the English exam. （英語の試験の準備をしなければなりません）
decide to 〜（〜することに決める）／study abroad（留学する）：Emily decided to study abroad in Canada next year. （エミリーは来年カナダに留学することに決めました）
take a walk（散歩をする）：I sometimes take a walk with my dog. （私はときどき犬と散歩をします）

友だちの言ったことに対して、文字はなぞり、（　　　　）には自分の考えを書きましょう。
書けたら声に出して言ってみましょう。

(1) Your friend: My mother asked me to buy some milk. Can you come with me?

　　You: Sorry, I have to

　　（　　　　　　　　　　　　　　　　　　　　　　　　　　）

(2) Your friend: I want to study with you in the library after school.

　　You: I'm sorry, I can't because

　　（　　　　　　　　　　　　　　　　　　　　　　　　　　）

| Challenge! | 筆記問題とリスニング問題をやってみよう |

64ページと65ページでやったことを思い出して、問題にチャレンジしてみましょう。
解答欄で答えの番号をぬりつぶしましょう。

目安時間 **3分00秒**

Reading 　筆記問題

1 次の英文の（　　　）に入れるのに最も適切なものを1, 2, 3, 4の中から1つ選びなさい。

(1) A: Where are you going, John?
　　B: I'm going to the park. My father (　　　　　) me to walk Max in the park.
　　1　came　　　　2　told　　　　3　made　　　　4　said

(2) Yesterday, I cooked curry (　　　　　) my mother was sick in bed all day.
　　1　because　　2　but　　　　3　where　　　　4　if

(3) A: What are you going to do in the future?
　　B: I'm going to study (　　　　　).
　　1　soon　　　　2　late　　　　3　abroad　　　4　together

2 次の会話について、（　　　）に入れるのに最も適切なものを1, 2, 3, 4の中から1つ選びなさい。

(1) Mother: Were you able to meet Stacy at the station?
　　Son: Yes, of course, but (　　　　　)
　　1　she didn't come.　　　　　　2　I decided to meet her at the station.
　　3　I couldn't get to the station.　4　she was a little late.

(2) Teacher: Peter, we're going to have a meeting at 3:00. (　　　　　　)

Student: Sure. I'll be there on time.

1　I want you to come to Room 520.　　2　How about tomorrow?

3　Can you come at 2:00?　　　　　　4　Let's go together.

(3) Woman: Jimmy, I can't go that fast. (　　　　　)

Boy: OK, Grandma.

1　Excellent.　　　　　　　　　　　2　I want you to walk slowly.

3　I agree with you.　　　　　　　　4　I didn't go shopping.

【解答欄】

1	(1)	① ② ③ ④	(2)	① ② ③ ④	(3)	① ② ③ ④
2	(1)	① ② ③ ④	(2)	① ② ③ ④	(3)	① ② ③ ④

　リスニング問題

43

1　イラストを参考にしながら対話と応答を聞き、最も適切な応答を1, 2, 3の中から1つ選びなさい。

1

2

3

2　対話と質問を聞き、その答えとして最も適切なものを1, 2, 3, 4の中から1つ選びなさい。

1　The meaning of "travel."

2　The meaning of "sail."

3　The meaning of "boat."

4　The meaning of "test."

3　英文と質問を聞き、その答えとして最も適切なものを1, 2, 3, 4の中から1つ選びなさい。

1　An English test.

2　A math test.

3　The same test.

4　An easy test.

【解答欄】

1	① ② ③
2	① ② ③ ④
3	① ② ③ ④

Unit 11 の ふりかえり

今日の学習で理解できたこと、むずかしかったことを書きましょう。

課題や課外活動の話をしよう
(sound 〜、to 〜、without -ing)

学習日

月　日

このUnitではto＋動詞の形で「〜するための」と言うときの表現を練習するよ。また、「〜のように聞こえる」の表現や、「〜せずに」などの表現についても学んでいくよ。

※このページの英文の意味は別冊17ページに掲載しています

Listen and Repeat　授業中の会話を聞こう

44

グニエルとマユはゴードン先生の英語の授業を受けています。音声で内容を確認したら声に出して読みましょう。

1
① OK. Today, in this English class, you're going to make a story in pairs. Mayu, Daniel, work together, OK?
② OK, Ms. Gordon.
③ Sure, Ms. Gordon.

2
① I like dogs, so I want to make a dog story. The dog's name is Buddy.
② OK. That sounds interesting.

3
① First, Buddy's owner, Fred, left home without saying anything.
② Oh! That's too bad.
③ Buddy was sad, and he had nothing to eat.

4
① We couldn't finish this story in class. Can you come to the school library and finish it with me?
② Sorry. I don't have time to do it today. How about tomorrow?
③ Sure.

Words & Phrases

会話に出てきた下の表現も覚えましょう。

make a story：物語を作る／in pairs：ペアになって／work together：協力して取り組む／want to make a dog story：犬の物語を作りたい／sounds(sound) interesting：おもしろそう／Buddy's owner：バディの飼い主／left(leave) home：家を出て行った(出て行く)／without saying anything：何も言わずに／That's too bad.：それはひどいですね／he had(has) nothing to eat.：彼(バディ)は食べる物が何もありませんでした(ありません)／finish：終える／time to do it：それをする時間

sound 〜、to＋動詞、without＋-ingの使い方を確認しよう 45

Point 1

sound 〜は「〜のように聞こえる」の意味です。soundの後ろには形容詞（12ページを見よう）が入ります。sound like 〜も同じ意味ですが、likeの後ろには主に名詞が入ります。look 〜は「〜のように見える」の意味です。

▶ Going to the movies sounds great.（映画に行くのはいいと思います）
▶ That sounds like a good idea.（それはいい考えのように聞こえます）
▶ You look nice in that jacket.（あなたはそのジャケットを着てすてきに見えます）

Point 2

toの後ろに動詞がくるときは①〜すること②〜するために③〜するためのといった意味となり、ここでは③の場合を学習します（Unit 19で②を学びます）。to 〜はその前の名詞や代名詞がどのようなものかを説明しています。

▶ Do you have <u>anything</u> to eat?
（あなたは食べるための何かを持っていますか→何か食べる物はありますか）
▶ I have a lot of <u>things</u> to do.
（私はするためのたくさんのことを持っています→私はたくさんすることがあります）
▶ I have <u>nothing</u> special to do.（私は特にすることがありません）

> 代名詞というのは、名詞の代わりに使われる言葉のことで、上のanythingやnothingは代名詞だよ。形容詞（ここではspecial）はそれらの後ろにくるんだ。

Point 3

without＋動詞ingで「〜せずに」の意味になります。

▶ He left the library without reading any books.
（彼は本を一冊も読まずに図書館を出ました）
▶ He went up to the 10th floor without using the elevator.
（彼はエレベーターを使わずに10階まで行きました）

> without＋名詞だと「〜なしに、〜を持たずに」という意味になるよ。
> He left home without an umbrella.（彼はかさを持たずに家を出ました）

use（使う）→using

こんな表現も一緒に覚えよう！

教科、教室、クラブの名前 ■■■■■■■■■■■■■■■■■■■■

social studies（社会）／science（理科）／arts and crafts（図画工作）／home economics（家庭科）／P.E.（体育）／moral education（道徳）／the period for integrated studies（総合的な学習の時間）／examination（試験）
teachers' office（職員室）／gym（体育館）／cafeteria（カフェテリア、食堂）／schoolyard（校庭）
science club（科学部）／art club（美術部）／music club（音楽部）／computer club（パソコン部）／foreign languages club（外国語部）／tennis club（テニス部）／baseball club（野球部）

練習しよう

友だちの言ったことに対して、自分のことを書きましょう。書けたら声に出して言ってみましょう。

(1) Your friend: Do you have a lot of things to do today?

　　You: _____

(2) Your friend: What's your favorite subject?

　　You: _____

(3) Your friend: What club are you in?

　　You: _____

Challenge!

筆記問題とリスニング問題をやってみよう

68ページと69ページでやったことを思い出して、問題にチャレンジしてみましょう。
解答欄で答えの番号をぬりつぶしましょう。

Reading

筆記問題

目安時間
4分00秒

次の内容に関して、(1)、(2)の質問に対する答えとして最も適切なものを1, 2, 3, 4の中から1つ選びなさい。

Cooking Club

Come to our club! We bake cookies and cakes. We also cook curry, stew and a lot of other dishes*. We have a lot of dishes to make. Sound great? Ms. Smith, our home economics teacher, teaches us how to cook. You will not leave the cooking room without feeling happy. We like to eat!

On the first and third Wednesday of the month
In our school cooking room
At 4:00 p.m.

On the first Wednesday:
　　We bake desserts, like cookies and cakes. We also bake bread.
On the third Wednesday:
　　We cook Japanese food, Chinese food, French food and Italian food.
You are welcome anytime. Our members are friendly and kind.

It's fun!

No need to* contact us in advance*. Just come to the cooking room on the first and third Wednesday at 4:00 p.m. If you have any questions, please e-mail me: Chihiro Ishida: cishida@alc.com

---

* dishes：料理／* No need to ～：～する必要はない／* in advance：前もって

(1) When does this club bake cakes?
    1   On the first Wednesday of the month.
    2   On the last Saturday of the month.
    3   On the second Wednesday of the month.
    4   On the third Wednesday of the month.

(2) If you're interested in Chinese food, when should you go to the cooking room?
    1   On the first Wednesday of the month.
    2   On the third Wednesday of the month.
    3   On the last day of the month.
    4   On the last Saturday of the month.

【解答欄】

(1)	① ② ③ ④	(2)	① ② ③ ④

Listening　リスニング問題

1　イラストを参考にしながら対話と応答を聞き、最も適切な応答を1, 2, 3の中から1つ選びなさい。

1
2
3

2　対話と質問を聞き、その答えとして最も適切なものを1, 2, 3, 4の中から1つ選びなさい。

1　At the city concert.　　2　In class.
3　At the school festival.　　4　At the girl's house.

3　英文と質問を聞き、その答えとして最も適切なものを1, 2, 3, 4の中から1つ選びなさい。

1　He bought some books at the bookstore.
2　He had a lot of things to do.
3　He had nothing to do.
4　He went to the convenience store.

【解答欄】

1	① ② ③
2	① ② ③ ④
3	① ② ③ ④

Unit 12 のふりかえり 　今日の学習で理解できたこと、むずかしかったことを書きましょう。

旅行の計画を立てよう

りょこう けいかく た

(am[is, are] going to ～、am[is, are] -ing、How often ～?、go -ing)

学習日

がくしゅう び

月 日

がつ にち

このUnitでは、「～する予定です」「～するつもりです」の表現を学習するよ。
また、回数や期間をたずねる「どのくらい～ですか」や「～しに行く」の
表現についても学ぼう。

※このページの英文の意味は別冊18ページに掲載しています

Listen and Repeat　夏休みの計画を立てる会話を聞こう

なつやす けいかく た かいわ き

47

マユとダニエルが夏休みについて話しています。音声で内容を確認したら、声に出して読みましょう。

Words & Phrases

会話に出てきた下の表現も覚えましょう。

anything special：何か特別なこと／go camping：キャンプに行く／How about coming?：来てはどうですか／put up some tents：テントをたてる／go fishing：魚釣りに行く／barbecue：バーベキュー

Point 1

am[is, are] going to 〜で「〜する予定です」の意味です。am[is, are] going to 〜はすでに予定が決まっているときに、willはこれからすることを言うときに使います。

▶ We're going to go camping this summer. (今年の夏、キャンプに行く予定です)
▶ I'll ask my mom. (母に聞いてみます)
▶ Will you come with us? (君もぼくたちと一緒に来ませんか)
▶ What will you do there? (そこで何をするのですか?)

Point 2

am[is, are]＋動詞ingは「〜するつもり（予定）です」の意味でも使われます。ふつうは「今〜しています」の意味ですが、このようにこれからの予定を表すこともできます。

▶ Are you doing anything special for summer vacation?
（夏休みに何か特別なことをする予定ですか）

do（する）→doing

Point 3

How often 〜?で「どのくらい〜ですか（頻度）」、How long 〜?で「どのくらい〜ですか（期間・長さ）」の意味です。

▶ How often do you go camping a year?
（あなたは1年間にどのくらいキャンプに行きますか）
▶ How long are you going to stay? （あなたはどのくらい滞在しますか）

回数を表す表現にはonce a week(1週間に1回)、twice(2回)、three times(3回)、twice a year(1年に2回)などがあるよ。3回以上は数字にtimesをつけるけれど、a couple of times(2、3回の)、many[a lot of] times(何回も)、several times(数回の)といった便利な表現もあるよ。a couple ofは「2、3の」という意味だよ。

How long 〜?の形はUnit 1でも学習したね。期間をたずねる質問だから答えるときはFor a week.(1週間)などと、期間を表すforを使って答えよう。また、How long is the Rainbow Bridge?(レインボーブリッジはどのくらいの長さですか)のように、長さを聞くときにも使うよ。

Point 4

go＋動詞ingで「〜しに行く」という意味を表します。

▶ We're going camping. (キャンプに行く予定です)
▶ We'll go fishing. (魚釣りに行きます)
▶ I'm going to go mountain climbing. (山登りに行く予定です)

camp（キャンプをする）→camping　　fish（魚釣りをする）→fishing　　climb（登る）→climbing

こんな表現も一緒に覚えよう!

- -

go on a trip (旅行に行く)／put up 〜（[家、テントを]たてる、[棚を]取りつける）

練習しよう

友だちの質問に対して、文字はなぞり、( ) には自分のことを書きましょう。書けたら声に出して言ってみましょう。

(1) Your friend: What are you doing this Saturday?

You: I'm going to ( )

(2) Your friend: How often do you go to the park?

You: ( )

(3) Your friend: How long have you learned English?

You: ( )

筆記問題とリスニング問題をやってみよう

72ページと73ページでやったことを思い出して、問題にチャレンジしてみましょう。解答欄で答えの番号をぬりつぶしましょう。

Reading 筆記問題

目安時間
3分00秒

1 次の英文の ( ) に入れるのに最も適切なものを1, 2, 3, 4の中から1つ選びなさい。

(1) A: Sorry, I'm late. How long have you been here?

B: Only a ( ) of minutes. Don't worry.

1 several　　2 twice　　3 couple　　4 member

(2) A: Let's go ( ) next Sunday.

B: Sounds like fun.

1 swims　　2 swimming　　3 swim　　4 swam

(3) How ( ) does your brass band practice a week?

1 many　　2 tall　　3 often　　4 old

2 次の会話について、( ) に入れるのに最も適切なものを1, 2, 3, 4の中から1つ選びなさい。

(1) Woman: I'm going to watch a movie this weekend. Are you free on Saturday?

Man: I'm not sure, so I'll check my schedule and ( )

1 I'm going to watch TV.　　　　2 call you later.

3 I'm going to see you on Monday.　　4 you'll check it.

(2)　　　Son: Are you coming to watch my soccer match next Sunday?

Father: Oh, I forgot about that. I was going to play golf but

(　　　　　)

1　I'll cancel it.　　　　　　　　2　I can't play golf.

3　I'll go to the concert.　　　　4　I can help you.

(3)　　　Man: Are you doing anything special for this winter vacation?

Woman: Yes. (　　　　　)

1　I go swimming in Hawaii.　　　2　I'm going to go skiing in Canada.

3　I visited Italy this winter.　　4　I went to the airport.

【解答欄】

1	(1)	①	②	③	④	(2)	①	②	③	④	(3)	①	②	③	④
2	(1)	①	②	③	④	(2)	①	②	③	④	(3)	①	②	③	④

Listening　リスニング問題

49

1　イラストを参考にしながら対話と応答を聞き、最も適切な応答を1, 2, 3の中から1つ選びなさい。

1

2

3

2　対話と質問を聞き、その答えとして最も適切なものを1,2,3,4の中から1つ選びなさい。

1　Play tennis.　　　　　　　　2　Visit his friend.

3　Do his homework.　　　　　4　Watch a tennis tournament.

3　英文と質問を聞き、その答えとして最も適切なものを1,2,3,4の中から1つ選びなさい。

1　Watch a movie.

2　Go shopping for a Christmas present.

3　Go shopping for the girl's birthday present.

4　Go shopping for the mother's birthday present.

【解答欄】

1	①	②	③	
2	①	②	③	④
3	①	②	③	④

Unit13 の ふりかえり

今日の学習で理解できたこと、むずかしかったことを書きましょう。

旅行の話をしよう
（過去形、was[were]＋過去分詞形）

ここでは、旅行の思い出などを伝える表現を練習するよ。「〜した」と過去の出来事を表す言い方は動詞の形に注意しよう。「〜された」という表現も動詞の形が異なるので、よく注意しようね。

※このページの英文の意味は別冊19ページに掲載しています

Listen and Repeat　家での会話を聞こう

50

ソフィアがオーストラリアへ交換留学に行った話をエルサにしています。音声で内容を確認したら声に出して読みましょう。

1
① How was your exchange program in Australia?
② It was very nice. On vacation, I went to Mount Buller*. It was covered with snow, so I enjoyed snowboarding.
③ Really? Oh, it's winter there.

2
① Look at this photo taken by my friend. We went to the Royal Botanic Gardens* in Melbourne. This place was filled with beautiful nature.
② Wow, it's beautiful!

3
① The children's gardens were designed to teach young children about the importance of the environment. I wrote a report about it at school there.
② It was a useful experience for you. We went camping with the Sawadas.

4
① We had a barbecue party and had a good time. We cleaned up after and brought our garbage back home. We have to keep the countryside clean.
② That's true. We must protect the environment.

* Mount Buller：ブラー山。オーストラリアにある山／* Royal Botanic Gardens：ロイヤルボタニックガーデン。メルボルンにある植物園

Words & Phrases

会話に出てきた下の表現も覚えましょう。

exchange program：交換留学プログラム／beautiful nature：美しい自然／importance：重要性／environment：環境／useful experience：役に立つ経験／cleaned(clean) up：そうじした(する)／brought(bring) our garbage back home：家にゴミを持ち帰った(持ち帰る)／keep the countryside clean：いなかをきれいに保つ／protect：保護する

「行きました」「パーティーをしました」「そうじしました」などと、終わったことを表現するときは過去形を使います。

▶ I went to Mount Buller. (ブラー山に行きました)
▶ We had a barbecue party and had a good time.
　(バーベキューパーティーをして楽しく過ごしました)
▶ We cleaned up there. (そこをそうじしました)
▶ We brought our garbage back home. (ゴミを家に持ち帰りました)

go (行く)-went-gone　　　　enjoy (楽しむ)-enjoyed-enjoyed

have (持つ)-had-had　　　　clean (そうじする)-cleaned-cleaned

bring (持ってくる)-brought-brought

「現在形・過去形・過去分詞形」
(14ページを見よう)という
動詞の変化に注目しよう。

「～された」の表現は was[were] ＋過去分詞形を使います。「～される」は am[is, are] ＋過去分詞形です。

▶ It was covered with snow. (それは雪で覆われていました)
▶ This place was filled with beautiful nature. (この場所は美しい自然で満たされていました)
▶ The children's gardens were designed to teach young children about the
　importance of the environment.
　(「子どもの庭」は、小さい子どもたちに環境の大切さを教えるためにデザインされました)

cover (覆う)-covered-covered　　　　fill (満たす)-filled-filled

design (デザインする)-designed-designed

もうひとつの「～された…」の表現を確認しましょう。名詞の後に過去分詞形がくると、「～された (物・人)」の意味になります。

▶ Look at this photo taken by my friend.
　(友だちが撮ってくれた[によって撮られた]この写真を見て)
▶ My father bought a book written in English.
　(父は英語で書かれた本を買いました)

take (取る)-took-taken　　write(書く)-wrote-written

photo taken by ～の
takenは過去分詞形
で、直訳すると「～に
よって撮られた写真」
となるよ。

こんな表現も
一緒に
覚えよう！

be full of ～ (～でいっぱいである)／take action (行動する)／eco-friendly (環境にやさしい)

友だちの質問に対して、自分のことを書きましょう。書けたら声に出して言ってみましょう。

(1) Your friend: What did you do last weekend?

You: _____

(2) Your friend: Where did you go on summer vacation?

You: _____

| Challenge! | 筆記問題とリスニング問題をやってみよう |

76ページと77ページでやったことを思い出して、問題にチャレンジしてみましょう。
解答欄で答えの番号をぬりつぶしましょう。

| Reading | 筆記問題 |

目安時間
6分00秒

From: Alice　　　To: Emi　　　Date: July 15, 2022 9:15
Subject: Summer plans
Hi, Emi. How are you? I'm planning to go to the Grand Canyon* next month.
I have to write a report for social studies, so I chose* the Grand Canyon. It's a famous U.S.
national park*. I'm reading a book about it. I saw some pictures of it on the Internet taken by a
famous photographer. I was moved by the great views and the beauty of nature. The canyon was
made through erosion* by the Colorado River*. Some of the rocks* at the bottom* of the canyon
are two billion years old. I'm interested in visiting it, and I'd like to go with you. Are you free in
early August?
Take care,
Alice

＊Grand Canyon：グランドキャニオン（アメリカ・アリゾナ州にある峡谷）／＊chose：選んだ／＊U.S. national
park：アメリカ国立公園／＊erosion：侵食／＊Colorado River：コロラド川／＊rocks：岩／＊bottom：底

From: Emi　　　To: Alice　　　Date: July 22, 2022 18:30
Subject: I'm sorry
Hi, Alice. I'm sorry I didn't write back sooner. I went to my grandparents and stayed for a week.
Your summer plans sound great. Thank you for reminding me of our report for social studies. I'd
like to go with you, but I'm going to Australia. It's a student exchange program. I'm going to stay
with an Australian family.
My host family said they would take me to the Great Barrier Reef Marine Park*. We'll be able to
see the coral reef* and big turtles, but the coral reef and a lot of other marine life is dying. I'd like
to know why. Before I go to Australia, I'm going to read some books written in English about the
Great Barrier Reef's problems. Then I'll be able to find out some problems and write a report.
Thank you for inviting me on the trip to the Grand Canyon, but I'm sorry, I can't come with you.
Take care,
Emi

＊Great Barrier Reef Marine Park：グレートバリアリーフ海洋公園（オーストラリア北東岸に広がる世界最大の珊瑚礁地
帯）／＊coral reef：珊瑚礁

(1) Why did Alice decide to go to the Grand Canyon?

    1 She likes beautiful nature.   **2** It's a U.S. national park.

    3 She has to write a report.   **4** She saw it on TV.

(2) How is Emi finding out about the Great Barrier Reef's problems?

    1 She's going to use the Internet.

    2 She's going to the Grand Canyon.

    3 She's going to ask her host family.

    4 She's going to read some books.

(3) What is Emi going to write about?

    1 The Great Barrier Reef's problems.   **2** A homestay program.

    3 Australian culture.   **4** The Grand Canyon.

【解答欄】

(1)	① ② ③ ④	(2)	① ② ③ ④	(3)	① ② ③ ④

リスニング問題 **52**

1 イラストを参考にしながら対話と応答を聞き、最も適切な応答を1, 2, 3の中から1つ選びなさい。

    1

    2

    3

2 対話と質問を聞き、その答えとして最も適切なものを1, 2, 3, 4の中から1つ選びなさい。

    1 He cleaned up the park.

    2 He bought a book written in Italian.

    3 He watched an adventure movie.

    4 He read a book written in Italian.

3 英文と質問を聞き、その答えとして最も適切なものを1, 2, 3, 4の中から1つ選びなさい。

    1 Her favorite movie.   **2** Her favorite music.

    3 Her favorite book.   **4** Her favorite place.

【解答欄】

1	① ② ③
2	① ② ③ ④
3	① ② ③ ④

Unit 14 の ふりかえり 今日の学習で理解できたこと、むずかしかったことを書きましょう。

趣味について話そう

(Have you been to ～?、am[is, are] interested in ～、It is ... for+人+to ～)

学習日

月　日

ここでは「(あなたは今までに) ～へ行ったことがありますか」と相手の経験をたずねる表現や「(人) にとって～することは…だ」という表現を学ぶよ。また、趣味に関する表現もいろいろと出てくるので、しっかり覚えようね。

※このページの英文の意味は別冊21ページに掲載しています

Listen and Repeat　友だちとの会話を聞こう

53

学校からの帰り道、ジェールかクラスメートのジフンと話しています。音声で内容を確認したら声に出して読みましょう。

1
① What are your hobbies, Ji-hoon?
② My hobbies are watching baseball and listening to pop music.
③ That's great. I'm interested in baseball, too!

2
① Have you been to a baseball stadium in the U.S.?
② No, not yet, but my father is a big baseball fan, so he took me to ball games a lot of times in South Korea.

3
① I want to go to a ball game next Saturday. It's a Major League game. Can you come with me?
② OK.

4
① There is a bus to the baseball stadium. Let's go together.
② Good. It is fun for me to go to a baseball stadium with friends.

Words & Phrases

会話に出てきた下の表現も覚えましょう。

hobbies(hobby)：趣味／am interested in ～：～に興味がある／Have you been to ～?：～へ行ったことがありますか／took(take) me to ～：私を～へ連れて行った(行く)／a lot of times：何回も／a Major League game：メジャーリーグの試合／There is a bus to the baseball stadium.：野球場へ行くバスがあります／It is fun for me to go to a baseball stadium with friends.：友だちと野球場に行くのは楽しいです

54

Point 1

Have you been to ～?は「～へ行ったことがありますか」という意味です。have＋過去分詞形は今までにその経験があるかどうかを聞くときにも使う表現です。

▶ Have you ever been to Hokkaido?
（今まで北海道へ行ったことがありますか）
▶ Have you been to the planetarium in London?
（ロンドンのプラネタリウムに行ったことがありますか）
— Yes, I have. （はい、行ったことがあります）/
No, I haven't. （いいえ、行ったことがありません）
▶ She has never visited Kyushu before.
（彼女は以前に一度も九州を訪れたことがありません）
▶ He has read the book three times.
（彼はその本を3回読んだことがあります）

before（前に、以前に）やnever（一度も～ない）、once（1度）、～ times（～回）、many[a lot of]times（何度も）などの表現もよく一緒に使われるよ。

Point 2

am[is, are] interested in ～で「～に興味がある」の意味です。

▶ Emily is interested in stars. （エミリーは星に興味があります）
▶ Are you interested in Japanese culture? （あなたは日本文化に興味がありますか）
— Yes, I am. （はい、あります）/No, I'm not. （いいえ、ありません）

Point 3

It is … for＋人＋to ～で「（人）にとって～することは…だ」の意味です。Itはtoの後ろの部分を指します。

▶ It is easy for him to learn English. （彼にとって英語を学ぶことは簡単です）
▶ It is important for him to talk with his teacher. （彼にとって先生と話すことは大切です）
▶ It is fun to read books. （本を読むことは楽しいです）
▶ It is dangerous to play on the road. （道路で遊ぶことは危険です）

It is easy for him to learn English. →It is easy（それは簡単だ）とだけ言っても何が簡単なのかわからないね。簡単なのはto learn English（英語を学ぶこと）。だれにでも当てはまることだったら[for 人]を取ってもいいよ。

こんな表現も一緒に覚えよう！　**趣味に関連した表現** ■■■■■■■■■■■■■■■

collect stamps（切手を集める）/go bird-watching（バードウオッチングに行く）/take photos（写真を撮る）/watch anime（アニメを見る）/make sweets（お菓子を作る）/look at the stars（星を見る）/study Japanese history（日本の歴史を勉強する）/do judo（柔道をする）/go for a walk（散歩する）/play computer games（コンピューターゲームをする）/read comic books（マンガを読む）/go camping（キャンプに行く）

友だちの質問に対して、自分のことを書きましょう。書けたら声に出して言ってみましょう。

(1) Your friend: Are you interested in bird-watching?

You: _____

(2) Your friend: What are your hobbies?

You: _____

(3) Your friend: Have you ever been to Hokkaido?

You: _____

| Challenge! | 筆記問題とリスニング問題をやってみよう |

80ページと81ページでやったことを思い出して、問題にチャレンジしてみましょう。
解答欄で答えの番号をぬりつぶしましょう。

| Reading | 筆記問題 | 目安時間 **3分00秒** |

1 次の英文の（　　）に入れるのに最も適切なものを1, 2, 3, 4の中から1つ選びなさい。

(1) A: Can you come to the park and jog with me at 6 o'clock in the morning?
B: Sorry, it is difficult (　　　　) me to get up so early.
1　to　　　　2　for　　　　3　as　　　　4　at

(2) A: I'm going to Kyoto. Do you want to come with me?
B: Sounds great. I'm (　　　　) in old cities like Kyoto.
1　interest　　2　to interest　　3　interested　　4　interesting

(3) A: I like playing this computer game.
B: I've played it (　　　　), but I didn't like it.
1　once　　　2　never　　　3　much　　　4　next

2 次の会話について、（　　）に入れるのに最も適切なものを1, 2, 3, 4の中から1つ選びなさい。

(1) Boy: What are your hobbies, Jane?
Girl: My hobbies are reading books and (　　　　　)
1　to become sick.　　　　　　　　　　2　going to school early.
3　telling my father to come home early.　4　watching movies.

(2) Mother: James, we're going to visit the aquarium in town tomorrow.

Son: Really? I can't wait. (　　　　　　　)

1　I often visit it.　　　　　　　2　How about going for a walk?

3　I've never been there before.　4　I like fishing.

(3)　Man: Is it fun to learn about Japanese culture, Jane?

Woman: Yes. (　　　　　　　)

1　I've never learned it before.　2　It's boring.

3　It is very interesting.　　　　4　I want to be an athlete.

【解答欄】

1	(1)	① ② ③ ④	(2)	① ② ③ ④	(3)	① ② ③ ④
2	(1)	① ② ③ ④	(2)	① ② ③ ④	(3)	① ② ③ ④

リスニング問題

1 イラストを参考にしながら対話と応答を聞き、最も適切な応答を1, 2, 3の中から1つ選びなさい。

1

2

3

2 対話と質問を聞き、その答えとして最も適切なものを1, 2, 3, 4の中から1つ選びなさい。

1　By bus.

2　By car.

3　By taxi.

4　He will walk.

3 英文と質問を聞き、その答えとして最も適切なものを1, 2, 3, 4の中から1つ選びなさい。

1　He will swim.

2　He will fish.

3　He will run.

4　He will relax.

【解答欄】

1	① ② ③
2	① ② ③ ④
3	① ② ③ ④

Unit 15 の ふりかえり

今日の学習で理解できたこと、むずかしかったことを書きましょう。

ライティング問題に挑戦しよう(3)

問題とその解説・解答例を確認し、ライティングのポイントをつかみましょう。

QUESTION 4 What country do you want to visit?

解説

1文目では、I want to visit ～.（私は～を訪れたいです）を使って自分の行きたい国について書きます。次に、There are two reasons.（2つの理由があります）と書いてから、First,（最初に～）を続けて1つ目の理由、Second,（2つ目に～）に続けて2つ目の理由を述べます。

解答例

I want to visit China. There are two reasons. First, I am interested in Chinese history and culture. Second, I like Chinese food, so I want to try to eat it in China. (33語)

QUESTION 4 あなたはどの国を訪れたいですか。

全訳

解答例：私は中国を訪れたいです。理由は2つあります。最初に、私は中国の歴史と文化に興味があるからです。2つ目に、中華料理が好きなので、中国で中華料理を食べてみたいからです。

自分で書いてみよう

解答例を参考に、STEP 1～3の段階をふんで英作文に挑戦しましょう。

STEP 1 下の薄い文字をなぞり、（　）部分は自分で考えて書きましょう。

I want to visit (　　　　　　　　　　　　　). There are
two reasons.

STEP 2 STEP 1で書いた答えに対する理由を2つあげましょう。

First, (　　　　　　　　　　　　　　　　　　　).
Second, (　　　　　　　　　　　　　　　　　
　　　　　　　　　　　　　　　　　　　　　).

STEP 3 STEP 1、2の解答をつなげて、25語～35語で文をまとめましょう。

_____

_____

_____

QUESTION 5　What is your favorite school subject?

解説

1文目では、My favorite school subject is ～.（私の好きな学校の科目は～です）を使って、自分の好きな科目について書きます。次に、I like ～ the best because ...（…なので、私は～が一番好きです）のように続けて1つ目の理由、Also,（また～）を続けて2つ目の理由を述べます。

解答例

My favorite school subject is music. I like music the best because I can play the piano and the violin. Also, singing songs with my classmates is fun. （28語）

QUESTION 5　あなたの好きな学校の科目は何ですか。
全訳　解答例：私の好きな学校の科目は音楽です。私はピアノとバイオリンをひくことができるので、音楽が一番好きです。また、クラスメートと一緒に歌を歌うことも楽しいです。

自分で書いてみよう　解答例を参考に、STEP 1～3の段階をふんで英作文に挑戦しましょう。

STEP 1　下の薄い文字をなぞり、（　　）部分は自分で考えて書きましょう。

My favorite school subject is (

).

STEP 2　STEP 1で書いた答えに対する理由を2つあげましょう。

I like (　　　　　　　) the best because (

).

Also, (　　　　　　　　　　　).

STEP 3　STEP 1、2の解答をつなげて、25語～35語で文をまとめましょう。

_____

_____

_____

家族の趣味について話そう
(There is[are] 〜、so、命令する文＋or ...)

学習日

月 日

ここでは「〜があります」という言い方や、「〜しなさい、そうしないと…」などの表現を学ぶよ。文と文をつなぐso（だから、それで）という表現にも注目してみよう。

※このページの英文の意味は別冊22ページに掲載しています

Listen and Repeat カフェテリアでの会話を聞こう 🎧 56

学校のカフェテリアで、ユウスケと上級生のジョンが話しています。音声で内容を確認したら声に出して読みましょう。

1
① Did you watch the tennis match on TV last night, Yusuke?

② Yes. it was very exciting. I'd like to play tennis. I wonder where I can learn how to play tennis.

2
① I can teach you how to play tennis. There is a tennis court near my house. I often play there.

② Oh, thank you, John. Does your father play tennis, too?

③ No, his hobby is fishing. He goes fishing once a month.

3
① Well, my father really likes playing golf, so he plays golf twice a month.

② My mother's hobby is cooking. She's very good at cooking.

4
① Great! I don't like vegetables, so sometimes I leave my mom's dishes.

② What does she say when you do that?

③ She says, "Eat them, or I'll get angry."

Words & Phrases

会話に出てきた下の表現も覚えましょう。

I wonder 〜：〜かなと思います／teach you how to 〜：〜の仕方を教える／There is a tennis court：テニスコートがあります／often：しばしば／once a month：1カ月に1回／twice a month：1カ月に2回／leave：残す／dishes：料理／She says：彼女は言います／Eat them, or I'll get angry.：食べなさい、そうしないと怒ります

Point 1

There is ～で「～があります」の意味になります。There is[are]の後ろ、つまり「～」の部分に主語（～が、～は）が入ります。

▶ There is a book on the desk.（机の上に1冊の本があります）
▶ There are some books on the desk.（机の上に何冊かの本があります）
▶ There isn't a tree in the garden.（庭には木がありません）
▶ There was a flower shop over there.（あそこに花屋がありました）

> There is ～は「あるもの」が1つのとき、There are ～は2つ以上のときに使うのよ。
> There was[were] ～だと「～があった（いた）」と過去を表すよ。

「～がありません」「～がありますか」という表現のときには名詞の前にsomeではなくanyをつけます。enoughをつけると「十分な～があります／ありません」となります。

▶ There aren't any books on the desk.（机の上には本が一冊もありません）
▶ Are there any stores around here?（このあたりにお店はありますか）
▶ There weren't enough rackets for all the players.
（すべての選手に十分なラケットはありませんでした）

Point 2

, soは「だから、それで」の意味です。理由を表す文がsoの後に続きます。

▶ Robert really likes to learn about Japanese culture, so he often asks his classmates about it.（ロバートは日本文化を学ぶのが本当に好きなので、彼はよくクラスメートにそのことについて質問します）

Point 3

命令する文, or ...は「～しなさい、そうしないと…」という意味です。orの後ろにはwillを含む文がきて、「どのように困ることになるか」が示されます。命令する文はふつうの文から主語をとったかたちです。

▶ Go at once, or you will be late for school.
（すぐ出発しなさい、そうしないと学校に遅れますよ）

> 命令文の部分がhave toを使った文になることもあるよ。You have to go at once, or ...（すぐに出発しなければなりません、そうしないと…）となるんだ。

こんな表現も一緒に覚えよう！

頻度を表す表現

回数を表す言葉がそれぞれどのくらいなのか1週間の中で考えてみよう。

	意味	月	火	水	木	金	土	日	合計
always	いつも	✔	✔	✔	✔	✔	✔	✔	毎日
usually	たいてい	✔		✔	✔	✔	✔	✔	1週間に6回程度
often	よく	✔	✔		✔		✔		1週間に4回程度
sometimes	ときどき	✔		✔		✔			1週間に3回程度
never	1回も～ない								1週間に0回

once a year：1年に1回／once a month：1カ月に1回／once a week：1週間に1回／twice：2回／three times：3回／four times：4回

Practice	練習しよう

(1)～(4)までは自分のことについてalways, usually, often, sometimes, neverのどれかを（　　　）に入れましょう。(5)は自分の学校はどうか考えて書きましょう。書けたら声に出して言ってみましょう。

(1) I (_____) eat breakfast.

(2) I (_____) take a shower in the morning.

(3) I (_____) study English at home.

(4) I (_____) clean my room on the weekend.

(5) My school (_____) closes on holidays.

Challenge!	筆記問題とリスニング問題をやってみよう

86ページと87ページでやったことを思い出して、問題にチャレンジしてみましょう。解答欄で答えの番号をぬりつぶしましょう。

Reading 　筆記問題

目安時間
3分00秒

1 次の英文の（　　　）に入れるのに最も適切なものを1, 2, 3, 4の中から1つ選びなさい。

(1) A: You like swimming, don't you? Where do you usually swim?
　　B: There is a big swimming pool near my house. I (　　　　) swim there.
　　1　twice a year　2　always　　　3　once　　　　4　can't

(2) I had a cold, (　　　　　) I couldn't study at all last night. My score on today's history test will be bad.
　　1　if　　　　　2　but　　　　　3　so　　　　　4　because

(3) The doctor told me to take this medicine (　　　　) a day.
　　1　never　　　2　early　　　3　ill　　　　4　twice

2 次の会話について、（　　　）に入れるのに最も適切なものを1, 2, 3, 4の中から1つ選びなさい。

(1) Mother: Are you still in bed, Michael? Get up now, (　　　　　　)
　　Son: I couldn't sleep well last night. I'm sleepy, Mom.
　　1　or you'll have enough time to eat.　　2　or I'll make you breakfast.
　　3　or you can get to the station at once.　4　or you'll be late for school.

(2)   Father: Sarah, do you know where my watch is? I can't find it.

    Daughter: You have a lot of watches, but (   )

    1   there was a silver watch on the bed.   2   my watch is blue.

    3   you can borrow my wallet.   4   the watch is expensive.

(3)   Man: Were there enough chairs in the room?

    Woman: (   )

    1   Chairs are big.   2   It's big.

    3   No, there weren't.   4   Yes, I have a chair.

【解答欄】

1	(1)	①	②	③	④	(2)	①	②	③	④	(3)	①	②	③	④
2	(1)	①	②	③	④	(2)	①	②	③	④	(3)	①	②	③	④

Listening   リスニング問題

1 イラストを参考にしながら対話と
応答を聞き、最も適切な応答を
1, 2, 3の中から1つ選びなさい。

1
2
3

2 対話と質問を聞き、その答えとして最も適切なものを1, 2, 3, 4の中から1つ選びなさい。

1   She wants her son to put on a jacket.

2   She wants her son to take off his jacket.

3   She wants her son to go outside.

4   She wants her son to catch a cold.

3 英文と質問を聞き、その答えとして最も適切なものを1, 2, 3, 4の中から1つ選びなさい。

1   Once a year.

2   Twice a year.

3   Once a month.

4   He goes there when he's free.

【解答欄】

1	①	②	③	
2	①	②	③	④
3	①	②	③	④

Unit 16
の
ふりかえり

今日の学習で理解できたこと、むずかしかったことを書きましょう。

長文を読んでみよう（2）

（文をつなぐwhoなど、as soon as ～、close to ～、instead of ～）

学習日

月　日

このUnitでは2つの文を関係させてつなぐ言葉や、決まり文句のas soon as ～、close to ～、instead of ～を学習しよう。

※このページの英文の意味は別冊24ページに掲載しています

Let's Read!　　お話を読んでみよう

🎧 59

マユは、がんばり屋で優しい男の了ジャクソンの物語を読みました。内容を確認したら声に出して読みましょう。

There's a Light at the End of the Tunnel*

　Many years ago, there lived a boy named Jackson in a small village. He lived with his mother and younger brother. His house was close to the mountains and about five kilometers away from school. One day, his bicycle broke. He wanted a new bike, but he couldn't tell his mother about it. His mother was working hard to make money, but still their lives were very difficult.

　Jackson decided to walk to school instead of riding his bike. As it was a long way, it took him over an hour on foot. For the first few weeks, he was very tired. As soon as he came back home, he went to bed without eating. After a few weeks, he got used to* walking a long way. He wanted to make this long journey shorter*. He started to walk as quickly as possible. Then he started jogging. Later, he started running. He was able to run faster and faster. Finally, he could reach school in around 30 minutes. Soon he enjoyed running all the way to school.

　One day, a man who was working at a company and was also the coach of the company's running club* saw Jackson running. He was surprised at Jackson's running speed. He asked Jackson to join his company. Jackson really wanted to study more, but he also wanted to help his mother because his mother was working so hard for him and his brother. Jackson decided to work at the company. While working during the day, he practiced running after work, on the weekends and also on holidays with the help of his coach. He ran many relay races* and also ran in marathons. Years later, he was chosen* to run in the most famous marathon in the world.

　Jackson kissed his medal on the podium*. He was smiling. His mother was crying with joy while watching it on TV.

＊There's a Light at the End of the Tunnel：トンネルの終わりには明かりが見える（苦しく辛い道のりの先には希望がある）／＊got used to ～：～することに慣れた／＊make this long journey shorter：この長い道のりを短くする／＊the coach of the company's running club：会社のランニングクラブのコーチ／＊ran many relay races：たくさんのリレーに出た／＊he was chosen：彼は選ばれた／＊podium：表彰台

Words & Phrases

長文に出てきた下の表現も覚えましょう。

a boy named Jackson：ジャクソンという名前の少年／close to ～：～に近い／broke(break)：壊れた（壊れる）／decided(decide) to ～：～することに決めた（決める）／instead of ～：～の代わりに／on foot：徒歩で／As soon as ～：～するとすぐに／as quickly as possible：できるだけ速く／faster and faster：だんだん速く／a man who was(is) working at a company：会社で働いていた（いる）男性／While working during the day：日中働く一方

2つの文をつなぐ言葉、as soon asなどの表現を確認しよう 60

Point 1

2つの文を関係させてつなぐ便利な言葉を「関係代名詞」といいます。関係代名詞には以下の種類があります。「目的語になる語」の関係代名詞は省略できます。

詳しく説明される名詞	主語になる語（～は）	所有を示す語（～の）	目的語になる語（～を、～に）
人	who	whose	(whom / who)
ものや動物	which / that	whose	(which)
何にでも使える	that		(that)

I have a friend who can sing very well. （私にはとても上手に歌える友だちがいます）
　　　　　　　　↑詳しく説明されている名詞（人）

= I have a friend. + She can sing very well. ＊a friend = she
　　　　　　　　　　　　　└─ 主語

whoは「だれが」という意味だけれど、2つの文を関係させる使い方をするときは「関係代名詞」になるよ。ここではa friendがどんな友だちなのかwhoから後でくわしく説明しているんだ。
くわしく説明する名詞が「物や動物」のときはwhichまたはthatを使って、the boy and the dogのように「人・物・動物」が混じった主語のときなどはthatを使うよ。

Show me the watch which[that] you bought yesterday.
　　　　　　　　　　　　　　　　　　　　（昨日あなたが買った時計を見せて）

= Show me the watch. + You bought it yesterday.
　　　　　　　　　　　　　　　　　└─ 目的語

▶ Look at the boy and the dog that are running in the park.
（公園で走っている少年と犬を見て）
▶ I have a dog whose name is Alice. （私はアリスという名前の犬を飼っています）
▶ Who is the man (whom) your father is talking with at the door?
（あなたのお父さんがドアのところで話している男の人はだれですか）

Point 2

as soon as ～は「～するとすぐに」の意味です。

▶ As soon as he came back home, he went to bed without eating.
（彼は家に帰るとすぐに、食事もしないで寝ました）

Point 3

close to ～は「～に近くに」の意味です。

▶ My house is close to the post office. （私の家は郵便局の近くです）
▶ We live close to each other. （私たちはお互い近くに住んでいます）

Point 4

instead of ～は「～の代わりに、～しないで」の意味です。ofの後ろには動詞ingや名詞がきます。

▶ He decided to walk to school instead of riding his bike.
（彼は自転車に乗る代わりに歩いて学校に行くことに決めました）

自分のことを（ 　　　　 ）に書きましょう。書けたら声に出して言ってみましょう。

(1) As soon as I came back home, I (＿＿＿＿＿＿＿＿＿＿＿＿＿).

(2) My house is close to (＿＿＿＿＿＿＿＿＿＿＿＿＿＿＿).

(3) Instead of playing, I decided to (＿＿＿＿＿＿＿＿＿＿＿＿).

| Challenge! | 筆記問題をやってみよう |

90ページと91ページでやったことを思い出して、問題にチャレンジしてみましょう。
解答欄で答えの番号をぬりつぶしましょう。

| Reading | 筆記問題 |

目安時間
10分00秒

次の英文の内容に関して、（1）から（5）までの質問に対する答えとして最も適切なものを1, 2, 3, 4の中から1つ選びなさい。

Grand Central Terminal

Do you know the largest railroad station in New York? It is Grand Central Terminal, or GCT. It is an amazing place for three reasons.

First, the GCT building is very old. It was built in 1871. It is shaped like a dome, and it is very gorgeous. For example, at the entrance, you can see a statue of Mercury, an ancient* god who was said to protect travelers. Inside the building, there is a large hall. Beautiful stars are painted on the hall's blue ceiling. It is a National Historic Landmark*. New Yorkers are very proud of the building.

Second, it is a very busy station. In fact, it is one of the busiest stations in the world, with 44 platforms and about 750,000 passengers and visitors every day. It is a train terminal, so every train starts and finishes there. That means most people get off or get on the train at GCT. GCT is said to be the town square* for 8,500,000 people.

Third, GCT is one of the most famous sightseeing spots in New York. Every day, there are many people who come to GCT just for sightseeing, shopping and eating. Thousands of* meals are served at the terminal restaurants every day. If you want to know everything about GCT, take a tour of the building.

GCT is famous because the building itself is magnificent*, many people use or visit it every day and, as such*, it is a sightseeing spot. If you have to choose* only one place to visit in New York, please choose GCT. You will never get bored*, even if* you are there all day long.

*ancient：古代の／*National Historic Landmark：国定歴史建造物／*the town square：街の広場／
*thousands of ～：何千もの～／*magnificent：壮大な、立派な／*as such：そのようなものとして／*choose：
選ぶ／*get bored：たいくつする／*even if ～：たとえ～でも

(1) What is GCT?
  1 A park.
  2 A theater.
  3 A railroad station.
  4 A bus station.

(2) What can you see on the ceiling of the GCT building?
  1 Clouds.
  2 Trains.
  3 The sun.
  4 Stars.

(3) How many passengers and visitors arrive at or leave GCT every day?
  1 About 8,500,000.
  2 About 750,000.
  3 About 1,000,000.
  4 About 850,000.

(4) What do most people do at a train terminal?
  1 Get off and get on a train.
  2 Learn about history.
  3 Go sightseeing.
  4 Watch movies.

(5) If you are a visitor and want to find out about GCT, what is the best way?
  1 The best way is to eat at a restaurant there.
  2 The best way is to stand at the center of the hall.
  3 The best way is to talk with other people.
  4 The best way is to join a tour of the building.

【解答欄】

(1)	①	②	③	④
(2)	①	②	③	④
(3)	①	②	③	④
(4)	①	②	③	④
(5)	①	②	③	④

Unit 17 の ふりかえり

今日の学習で理解できたこと、むずかしかったことを書きましょう。

長い文章を読むときのコツ

長文を読んでみましょう。内容を理解するためのポイントをつかみましょう。

61

①Malala Yousafzai won the Nobel Peace Prize* on October 10 in 2014. She is the youngest person to receive the award. She works for girls' education rights. Her efforts and activities were recognized with the award.

②She was born in 1997 in Pakistan. She began going to the school her father established*. ③She made a speech one day in Pakistan to protect the rights of girls. The Taliban* were against* her activities. ④They attacked her and shot her in the head on a school bus.

She was seriously injured, but she survived and recovered from the injury. After she recovered, she again started working for the right of education for every child. Many people around the world were encouraged by* her strong will to fight for* all children's education rights, especially for girls' education rights.

She was nominated for* the Nobel Peace Prize in 2013 but did not get it. However, the prize went to her in 2014. ⑤She was seriously injured, but she didn't give up her dream. Her efforts and activities were recognized, and the news was encouraging for children around the world.

*the Nobel Peace Prize：ノーベル平和賞／*established：設立した／*the Taliban：タリバン(という勢力)／*against ～：～に反対して／*were encouraged by ～：～によって勇気づけられた／*fight for ～：～を求めて戦う／*was nominated for ～：～にノミネートされた

 Words & Phrases

education：教育／rights(right)：権利／activities(activity)：活動／were(are) recognized：認められた(られる)／made(make) a speech：スピーチをした(する)／seriously：深刻に／survived(survive)：生き残った(生き残る)／recovered(recover) from ～：～を克服した(克服する)／injury：けが／will：意志／however：しかしながら／give up：諦める

英文の意味

　マララ・ユスフザイは2014年10月10日にノーベル平和賞を受賞しました。彼女はその賞を受賞した一番若い人です。彼女は少女の教育の権利を求めて活動しています。その彼女の努力と活動が賞に認められました。
　彼女はパキスタンで1997年に生まれました。彼女はお父さんが設立した学校に行き始めました。ある日彼女はパキスタンで少女の権利を守るための演説をしました。タリバンは彼女の行動に反対しました。彼らはスクールバスにいた彼女を攻撃して、頭を拳銃で撃ったのです。
　彼女は重傷を負いましたが、生き残り、けがを克服しました。彼女は回復した後、すべての子どもたちの教育の権利のために再び活動を始めました。世界中の多くの人はすべての子どもの教育の権利、特に少女の教育の権利を求めて戦う彼女の強い意志に勇気づけられました。
　彼女は2013年にもノーベル平和賞にノミネートされましたが、受賞しませんでした。しかし、2014年にはその賞は彼女へとわたりました。彼女は重傷を負いましたが、夢をあきらめませんでした。彼女の努力と活動は認められ、そのニュースは世界中の子どもを勇気づけました。

※右ページの解答例と英文の意味は別冊25ページに掲載しています

長文の読み方のコツ

文章のあらすじを理解するために、トピックセンテンス（要旨文）を読みましょう。トピックセンテンスは第1段落の第1文のことが多いです。この文章では①の文です。最後の段落も文章全体のまとめが書いてあることが多いので注意しましょう。この文章では⑤の文です。このように文章の重要な箇所を読んで大意をつかむことをskim reading（スキムリーディング）といいます。

「英検」3級の問題を解くためにはまず質問文から読みましょう。その質問文に対する答えが書いてあるところを文章中で探していきます。このように自分が必要とする情報を探し出すような読み方をscan reading（スキャンリーディング）といいます。

長文問題でよく聞かれる質問の形式に慣れましょう。

- **When で始まる文**：When did he write a book?（いつ本を書きましたか）
- **What で始まる文**：What happened in 1998?（1998年に何が起きましたか）
- **Why で始まる文**：Why did she get the prize?（なぜ彼女はその賞を取りましたか）
- **Where で始まる文**：Where did he meet the person?（どこで彼はその人に会いましたか）
- **大意をたずねる文**：What is this story about?（この話は何についてのものですか）

答えてみよう 左ページの文を見ながら、答えを考えてみましょう。

(1) What happened to Malala on October 10 in 2014?

①の箇所をよく読もう。

(2) When was she born?

②の箇所をよく読もう。

(3) Why did she make a speech?

③の箇所をよく読もう。

(4) Where was she attacked?

④の箇所をよく読もう。

(5) What is this story about?

⑤の箇所をよく読もう。

① A girl who was seriously injured, but didn't give up her dream.
② A girl who wanted to study and made a school for children.
③ A girl who grew up in India and received the Nobel Peace Prize.

95

買い物に行こう（1）
(May[Can] I 〜?、ほしいものを探す表現)

このUnitでは買い物するときに使ういろいろな表現を学ぶよ。「〜しても いいですか」と許可を求めるにはMay I 〜?、Can I 〜?の言い方があるね。 どんなときに使えるのかしっかり学ぼう。

※このページの英文の意味は別冊25ページに掲載しています

Listen and Repeat　お店での会話を聞こう

62

ソフィアがユウスケとマユと一緒に買い物に出かけます。音声で内容を確認したら声に出 して読みましょう。

会話に出てきた下の表現も覚えましょう。

go shopping：買い物に行く／How can I help you?：いらっしゃいませ／I'm looking for 〜：〜を探しています／try it on：それを試着する／fitting room：試着室／It is too ... for 人 to 〜：人には…すぎて〜できません／Do you have a smaller one?：もっと小さいものがありますか／That's the last black one：最後の黒の品です

May[Can] I 〜?や、買い物で使ういろいろな表現を確認しよう

Point 1

「〜してもいいですか」は、May I 〜?やCan I 〜?の表現を使いますが、それには違いがあります。May I 〜?は相手に許可を求めるとき、礼儀正しい雰囲気を出したいときに使われます。Can I 〜?は、軽い許可をもらうときで、友だち同士や客からお店に許可を求めるときなどに使います。

▶ May I use your car?（車を借りてもよろしいですか）
▶ Can I try them on?（それらを試着してもいいですか）
▶ May I help you? / How can I help you?（いらっしゃいませ）
▶ May I take your order?（注文をうかがってもよろしいですか）

> May I 〜?はレストランの店員がお客に注文をとるときにも使われるよ。

Point 2

ほしいものを探す表現やサイズ、色、値段についての表現などを確認しましょう。

▶ I'm looking for a necklace for my wife's birthday.
（妻の誕生日にあげるネックレスを探しています）
▶ Do you have the same design in a bigger size?
（同じデザインでもっと大きいのはありますか）
▶ Do you have one in a different color?（違う色のものはありますか）
▶ It is too big/large for me to wear.（私が着るには大きすぎます）
▶ It is too small.（小さすぎます）
▶ They're too expensive.（それらは高すぎます）
▶ That's cheap. I'll take it.（安いですね。買います）

> tooは「〜すぎる」の意味だね。too ... to〜で「…すぎて〜できない」の意味になるよ。

こんな表現も一緒に覚えよう！

買い物に関連した表現

How about 〜?（〜はどうですか）：How about the size?（サイズはどうですか）
sold out（売り切れ）：It's sold out.（売り切れです）
safely（安全に）：Drive safely!（安全運転でね！）
take off（ぬぐ）←→put on（着る）

■身につけるものの種類

shirt（シャツ）／hat（[ふちのある]ぼうし）／cap（[ふちのない]ぼうし）／blouse（ブラウス）／jacket（上着、ジャケット）／sweater（セーター）／skirt（スカート）／pants（ズボン）／jeans（ジーンズ）／shoes（くつ）／sneakers（スニーカー）／boots（ブーツ）／dress（ドレス、ワンピース）／coat（コート）／sweat shirt（トレーナー）／sweatpants（スエットパンツ）

■柄

polka dot（水玉もようの）／striped（しまもようの）／plaid（格子柄の）

買い物をしているときに、店員さんにたずねる表現を（　　　　　）に書きましょう。書けたら声に出して言ってみましょう。

(1) 私はスニーカーを探しています。

I'm (＿＿＿＿＿＿＿＿＿＿＿＿＿＿＿＿＿＿＿＿＿＿＿＿＿).

(2) 試してみてもいいですか。

Can I (＿＿＿＿＿＿＿＿＿＿＿＿＿＿＿＿＿＿＿＿＿)?

(3) このTシャツは私が着るには小さすぎます。

This T-shirt is (＿＿＿＿＿＿＿＿＿＿＿＿＿＿＿＿＿＿＿).

| Challenge! | 筆記問題とリスニング問題をやってみよう |

96ページと97ページでやったことを思い出して、問題にチャレンジしてみましょう。
解答欄で答えの番号をぬりつぶしましょう。

目安時間
3分00秒

Reading　**筆記問題**

1 次の英文の（　　　）に入れるのに最も適切なものを1, 2, 3, 4の中から1つ選びなさい。

(1) A: That's a nice watch. I want to buy it for our dad's birthday.

B: Yes, but it's $250. It is too (　　　　　) for us to buy.

　1 big　　　　**2** cheap　　　　**3** small　　　　**4** expensive

(2) A: May I help you?

B: I'm looking (　　　　　) a computer for work.

　1 into　　　　**2** for　　　　**3** after　　　　**4** like

(3) (　　　　　) about this black sweater?

　1 Was　　　　**2** Where　　　　**3** How　　　　**4** Will

2 次の会話について、（　　　）に入れるのに最も適切なものを1, 2, 3, 4の中から1つ選びなさい。

(1) Customer: I like this blouse. (　　　　　)

　　Clerk: Sure. Please use the fitting room over there.

　1 How about the size?　　　　**2** What color do you have?

　3 Can I try it on?　　　　　　**4** How much is it?

(2) Woman: I'm going to take a trip to London. (　　　　　　　　)

　　Man: Of course. I'll lend it to you.

　　1　Can I use your suitcase?　　　2　May I help you?

　　3　Can you help me?　　　　　　4　Can I call you back?

(3)　　Clerk: Do you like these sneakers?

Customer: Yes. I like the color, but (　　　　　　　　)

　　1　they are too big for me.　　　2　I have to study harder.

　　3　they are very dangerous.　　4　I need to do my best.

【解答欄】

1	(1)	① ② ③ ④	(2)	① ② ③ ④	(3)	① ② ③ ④
2	(1)	① ② ③ ④	(2)	① ② ③ ④	(3)	① ② ③ ④

Listening　リスニング問題

64

1　イラストを参考にしながら対話と応答を聞き、最も適切な応答を1, 2, 3の中から1つ選びなさい。

1

2

3

2　対話と質問を聞き、その答えとして最も適切なものを1, 2, 3, 4の中から1つ選びなさい。

1　She doesn't like the design.

2　She doesn't want a blue dress.

3　She wants a different design.

4　She wants a cheaper dress.

3　英文と質問を聞き、その答えとして最も適切なものを1, 2, 3, 4の中から1つ選びなさい。

1　A necklace was sold out.

2　Kate couldn't go shopping.

3　A necklace was too expensive.

4　Kate can't cook.

【解答欄】

1	① ② ③
2	① ② ③ ④
3	① ② ③ ④

Unit 18 の ふりかえり

今日の学習で理解できたこと、むずかしかったことを書きましょう。

unit 19 買い物に行こう（2）
(-er than ...、the -est、to ～)

学習日

月　　日

Unit 18に引き続き、このUnitでも買い物をするときに使う表現について学ぶよ。2つのものを比べて言うときの表現や、「～は一番…だ」などの表現をよく練習しよう。

※このページの英文の意味は別冊27ページに掲載しています

Listen and Repeat　　お店での会話を聞こう

65

ソフィア、ユワメケ、マユがお店で買い物をしています。音声で内容を確認したら声に出して読みましょう。

1

① I like this pink bag. Excuse me. How much is this?

② It's $50. It's the newest design.

③ I see, but it's very expensive. Can you give me a discount?

2

① I'm sorry, I can't. But we have a summer sale over there.

② That yellow bag is cheaper than this pink one.

③ The cheapest bag is only $10.

3

① I'd like to go to a party with this pink bag.

② OK. How much do you have now?

③ I have $20.

4

① Your birthday is in two weeks. I'll buy it for you as a birthday present.

② Thank you, Sophia, but I'll save money to buy it.

Words & Phrases

会話に出てきた下の表現も覚えましょう。

How much is this？：これはいくらですか／the newest design：最新のデザイン／discount：割引／～ is cheaper than ...：～は…より安いです／the cheapest：一番安い／with ～：～を持って／in two weeks：2週間後に／as a birthday present：誕生日プレゼントとして／save money：お金をためる

100

Point 1

2つのものを比べる「〜は…より―だ」の表現を確認しましょう。cheap（安い）にerをつけると、「より安い」の意味になります。その後にthanと、比べるものを続けると「〜より安い」となります。

▶ That yellow bag is cheaper than this pink one.
（あの黄色のバッグはこのピンクのより安いです）

▶ This bag is bigger than any other bag in this store.
（このお店でこのバッグはほかのどのバッグよりも大きいです）

▶ No other bag is bigger than this bag in this store.
（このお店ではこのバッグより大きいバッグはありません）

> bigはgを重ねてerをつけるよ。than any other 〜は「ほかのどの〜よりも」という意味だよ。

Point 2

「〜は一番…だ」は、newなどの短めの形容詞にestをつけます。

▶ It's the newest design in this department store.
（それはこのデパートの中で一番新しいデザインです）

▶ The cheapest bag is only $10. （一番安いバッグはたったの10ドルです）

▶ Mount Fuji is the highest mountain in Japan. （富士山は日本で一番高い山です）

▶ This question is the easiest of all. （この問題はすべての中で一番やさしいです）

▶ This is the latest news. （これは最新のニュースです）

▶ Mary is the youngest of the three. （メアリーは3人の中で一番若いです）

▶ That temple is the oldest in the world. （あの寺は世界で一番古いです）

> 「世界の中で最も」「家族の中で最も」と言うときは「範囲」を示す意味でinを使ってin the world、in my family、「3人の中で」と言うときは「全体の中の部分」を示す意味でofを使ってof the threeだよ。

Point 3

to+動詞で「〜するために」という表現を確認しましょう。

▶ I'll save money to buy it.（それを買うためにお金をためます）

▶ I'm going to buy some bread to make sandwiches.
（サンドイッチを作るためにパンを買います）

こんな表現も一緒に覚えよう！

お金や貸し借りに関連した表現

sale（セール）：Department stores have a winter sale every year. （デパートは毎年冬のセールをやっています）

pay（支払う）：I paid $20 for the ticket. （そのチケットに20ドル支払いました）＊pay-paid-paid

discount（割引）：Can you give me a discount? （割引してくれますか）

spend（お金を使う）：My mother spends $30 on books every month. （私の母は毎月、本に30ドル使います）

cost（費用がかかる）：How much does it cost? （どのくらい費用がかかりますか）

lend（貸す）：Lend me your camera. （カメラを貸してください）

borrow（借りる）：Can I borrow your pen? （ペンを借りてもいいですか）

「…より～だ」「…で一番～だ」という表現を使って、家族や自分のことを（　　　　）に書きましょう。書けたら声に出して言ってみましょう。

(1) My mother is (＿＿＿＿＿＿＿) than (＿＿＿＿＿＿＿).

(2) My father is the (＿＿＿＿＿＿＿＿＿) in my family.

(3) I'm the (＿＿＿＿＿＿＿＿＿) in my family.

| Challenge! | 筆記問題とリスニング問題をやってみよう |

100ページと101ページでやったことを思い出して、問題にチャレンジしてみましょう。
解答欄で答えの番号をぬりつぶしましょう。

| Reading | 筆記問題 | 目安時間 4分00秒 |

次の掲示の内容に関して、質問に対する答えとして最も適切なもの、または文を完成させるのに最も適切なものを1, 2, 3, 4の中から1つ選びなさい。

School Play by the Fifth-Grade Students of Short Beach Elementary School

The fifth-grade students of Short Beach Elementary school will perform, "Max," a drama based on Richard Brown's latest story. Come along and have a good time.

    Dates: June 29th and 30th
    Place: Short Beach Elementary School Auditorium*
    Times: Morning: 9 a.m. to 11 a.m.
              Afternoon: 2 p.m. to 4 p.m.
    Price: Free

If you want to watch the play, you need to make a reservation on the school's website. Children under 10 must come with an adult. Make a reservation now!

    School website: **www.shortbeachx.com**

If you have any questions, call 0120-321-456X.

＊Auditorium：講堂

(1) What should people do if they want to watch the play?

    1 Call Short Beach Elementary School now.

    2 Fax Short Beach Elementary School now.

    3 Make a reservation on the school's website now.

    4 Visit Short Beach Elementary School now.

(2) Children under 10

    1 can come with their friends.

    2 can't come with their parents or grandparents.

    3 can come with their younger brothers or sisters.

    4 can come with an adult.

【解答欄】

(1)	① ② ③ ④	(2)	① ② ③ ④

Listening　リスニング問題

67

1　イラストを参考にしながら対話と応答を聞き、最も適切な応答を1, 2, 3の中から1つ選びなさい。

1

2

3

2　対話と質問を聞き、その答えとして最も適切なものを1, 2, 3, 4の中から1つ選びなさい。

1　Julia's father.　　2　Julia.

3　George's father.　　4　George's mother.

3　英文と質問を聞き、その答えとして最も適切なものを1, 2, 3, 4の中から1つ選びなさい。

1　Meat.　　2　Milk.

3　Fish.　　4　Eggs.

【解答欄】

1	① ② ③
2	① ② ③ ④
3	① ② ③ ④

Unit 19 の
ふりかえり

今日の学習で理解できたこと、むずかしかったことを書きましょう。

unit 20 スポーツについて話そう（1）
（けが・病気の表現、see＋人＋-ing）

学習日

月　日

このUnitでは、けがや病気についての表現を学ぶよ。具合が悪い人に声をかける表現や、それに答える表現もあわせて学ぼう。「〜している人」という言い方も練習しようね。

※このページの英文の意味は別冊28ページに掲載しています

Listen and Repeat　家での会話を聞こう

68

ソフィアとマットがリビングルームで話しています。そして2人は週末にユウスケのお見舞いへ行ったようです。音声で内容を確認したら声に出して読みましょう。

1
① Did you hear Yusuke got injured playing soccer last week?
② Really? What happened?
③ He fell down and broke his leg when he kicked the ball.

2
① That's too bad. Is he in the hospital now?
② No. He was in the hospital, but now he's at home. Shall we visit him this weekend?
③ OK.

3 Yusuke's house
① Hi, Yusuke, how's it going?
② Not great. I belong to the soccer team. Next Sunday, we're going to have a soccer game.

4
① I was practicing for the next game, but now I can't play. I'm so disappointed.
② I understand, because I saw you practicing hard.

Words & Phrases　会話に出てきた下の表現も覚えましょう。

What happened?：どうしたのですか／fell(fall) down：倒れた（倒れる）／broke(break) his leg：彼の足を折った（折る）／
how's it going?：具合はどうですか／belong to 〜：〜に所属している

104

けがや病気の表現、see＋人＋-ingの使い方を確認しよう 69

Point 1

「けがをした」「足を折った」などけがや病気に関する表現について確認しましょう。

- ▶ He got injured last week. (彼は先週、けがをしました)
- ▶ He broke his leg. (彼は足を折りました)
- ▶ I have[caught] a cold. (私はかぜをひいています[ひきました])
- ▶ I feel cold. (私は寒気がします)
- ▶ I have a fever. (私は熱があります)
- ▶ I have a headache. (私は頭が痛いです)
- ▶ She's sick in bed. (彼女は病気で寝ています)
- ▶ I don't feel well. (私は具合が悪いです)
- ▶ You look pale. (顔色が悪いですね)

> have a coldは「かぜをひいている状態」を表し、catch a coldは「かぜをひく動作」を表すんだよ。

break(折る)-broke-broken　　catch(つかむ、[かぜを]ひく)-caught-caught

Point 2

相手の具合が悪そうなときには"What happened?"（どうしたのですか）のようにたずねます。

- ▶ What happened? / What's wrong? / What's the matter with you? (どうしたのですか)
- ▶ When did it happen? (いつ起こったのですか)
- ▶ That's too bad. / I'm sorry to hear that. (お気の毒に)
- ▶ Get better soon. (すぐによくなってください／お大事にしてください)

Point 3

see＋人＋動詞ingで「人が〜するのを見る」、人＋動詞ingで「〜している人」の意味です。

- ▶ I saw you practicing soccer very hard.
  (私は君が一生懸命サッカーの練習をしているのを見たよ)
- ▶ My sister saw me eating her ice cream and got angry.
  (姉は私が彼女のアイスクリームを食べているのを見て怒りました)
- ▶ Do you know the boy running in the park? (公園で走っている少年を知っていますか)
- ▶ I know the woman teaching English. (英語を教えている女の人を知っています)

practice (練習する)→practicing　　eat (食べる)→eating

run (走る)→running　　teach(教える)→teaching

こんな表現も一緒に覚えよう！

get well (よくなる)／get better ([以前と比べて]よくなる)

take care of 〜 (〜の世話をする)：The nurses take care of sick people. (看護師は病人の世話をします)

take medicine (薬をのむ)：You should take some medicine. (あなたは薬をのんだほうがいい)

stay up late (夜ふかしする)：I stayed up late last night. (昨晩、私は夜ふかししました)

take a break[rest] (休けいする)：We can take a break for 10 minutes. (10分間休けいできます)

105

Practice	練習しよう

( ) に答えを書きましょう。書けたら声に出して言ってみましょう。

(1) 相手の具合が悪そうです。何と声をかけますか。

(_____) happened?

(2) 「かぜをひいた」と言いましょう。

I caught a (_____).

(3) 「お気の毒に、早くよくなってね」と声をかけましょう。

That's too (_____). (_____)
well soon.

(4) 「私は父が毎朝新聞を読んでいるのを見ます」と言いましょう。

I (_____) my father (_____)
a newspaper every morning.

Challenge!	筆記問題とリスニング問題をやってみよう

104ページと105ページでやったことを思い出して、問題にチャレンジしてみましょう。
解答欄で答えの番号をぬりつぶしましょう。

Reading	筆記問題	目安時間 3分00秒

1 次の英文の ( ) に入れるのに最も適切なものを1, 2, 3, 4の中から1つ選びなさい。

(1) Sam ( ) a fever, so he didn't come to school.

    1 went   **2** had   **3** came   **4** was

(2) I saw my P.E. teacher ( ) in the schoolyard.

    1 to run   **2** runs   **3** running   **4** ran

(3) Will you ( ) care of my dog while I go on a trip?

    1 do   **2** make   **3** put   **4** take

2 次の会話について、( ) に入れるのに最も適切なものを1, 2, 3, 4の中から1つ選びなさい。

(1) Woman: I'm going to see the doctor. I have a cold.

    Man: That's too bad. ( )

    1 It isn't good.   **2** Get well soon.

    3 You look like Mom.   **4** Go to the corner.

(2)　　Father: You look pale. (　　　　　　　　)

Daughter: I have a headache.

1　How is the weather?　　　　2　Where did he go?

3　Why was he angry?　　　　4　What happened?

(3)　Boy: Cindy, (　　　　　　　　)

　Girl: Yes. That's Mr. Larry Moon.

1　whose bag is this?

2　do you know the tall man standing under the tree?

3　what does your father do?

4　who is your favorite actor?

【解答欄】

		①	②	③	④		①	②	③	④		①	②	③	④
1	(1)	①	②	③	④	(2)	①	②	③	④	(3)	①	②	③	④
2	(1)	①	②	③	④	(2)	①	②	③	④	(3)	①	②	③	④

Listening　リスニング問題

70

1　イラストを参考にしながら対話と応答を聞き、最も適切な応答を1, 2, 3の中から1つ選びなさい。

1

2

3

2　対話と質問を聞き、その答えとして最も適切なものを1, 2, 3, 4の中から1つ選びなさい。

1　She saw a doctor.　　　　2　She was in the hospital.

3　She was sick in bed.　　　4　She went to the library.

3　英文と質問を聞き、その答えとして最も適切なものを1, 2, 3, 4の中から1つ選びなさい。

1　She called the school.

2　She took Susie to the hospital.

3　She took Susie home.

4　She gave Susie some medicine.

【解答欄】

1	①	②	③	
2	①	②	③	④
3	①	②	③	④

Unit 20 の
ふりかえり

今日の学習で理解できたこと、むずかしかったことを書きましょう。

107

ライティング問題に挑戦しよう(4)

問題とその解説・解答例を確認し、ライティングのポイントをつかみましょう。

QUESTION 6 What do you usually do in your free time?

解説

1文目では、I usually 〜 in my free time.（時間があるときに、私はよく〜します）という表現を使って、時間があるときに自分自身がするのが好きなことを書きます。次に、because 〜（〜なので）のように続けて1つ目の理由、Also,（また〜）を続けて2つ目の理由を述べます。

解答例

I usually play sports such as tennis and soccer in my free time because playing sports is exciting and fun. Also, playing sports outside is very relaxing. (27語)

全訳	**QUESTION 6** あなたはふだん時間がある時によく何をしますか。
	解答例：私は時間があるときによくテニスやサッカーといったスポーツをします。スポーツをするのはわくわくして、楽しいからです。また外でスポーツをするのはとてもリラックスできるからです。

自分で書いてみよう

解答例を参考に、STEP 1〜3の段階をふんで英作文に挑戦しましょう。

STEP 1 下の薄い文字をなぞり、（　　）部分は自分で考えて書きましょう。

I usually（　　　　　　　　　　　　　　　　　　　　　　　　　　）

in my free time

STEP 2 STEP 1で書いた答えに対する理由を2つあげましょう。

because（　　　　　　　　　　　　　　　　　　　　　　　　　　）.

Also,（　　　　　　　　　　　　　　　　　　　　　　　　　　　）.

STEP 3 STEP 1、2の解答をつなげて、25語〜35語で文をまとめましょう。

_____

_____

_____

_____

Which do you like better, watching a movie at home or at the theater?

1文目では、I like to watch a movie at ～.（私は～で映画を見るのが好きです）を使って自分の考えを書きます。次にI have two reasons.（2つの理由があります）と書いてから、First,（最初に～）を続けて1つ目の理由、Second,（2つ目に～）に続けて2つ目の理由を述べます。

解答例

I like to watch a movie at the theater. I have two reasons. First, I can watch it on a big screen. Second, I enjoy talking about it with my friends after watching it.（34語）

全訳

QUESTION 7 あなたは映画を家で見るのと映画館で見るの、どちらが好きですか。

解答例：私は映画館で映画を見るのが好きです。2つ理由があります。最初に、大きい画面で映画を見ることができるからです。2つ目に、映画を見た後で友だちとそれについて話して楽しめるからです。

自分で書いてみよう
解答例を参考に、STEP 1～3の段階をふんで英作文に挑戦しましょう。

STEP 1 下の薄い文字をなぞり、（　）部分は自分で考えて書きましょう。

I like to watch a movie at （　　　　　　　　　　　　　）.

I have two reasons.

STEP 2 STEP 1で書いた答えに対する理由を2つあげましょう。

First, （　　　　　　　　　　　　　　　　　　　　）.

Second, （　　　　　　　　　　　　　　　　　　）.

Also, （　　　　　　　　　　　　　　　　　　　　）.

STEP 3 STEP 1、2の解答をつなげて、25語～35語で文をまとめましょう。

_____

_____

_____

unit 21 スポーツについて話そう(2)
(more 〜 than ....、the most 〜、Who 〜?)

学習日

月　日

このUnitでも、スポーツに関連する表現を練習するよ。また、Unit19でも学習した「…より〜だ」と比較する表現、「一番〜だ」という表現の違った形、「だれ」を含む表現などを見ていこう。

※このページの英文の意味は別冊29ページに掲載しています

Listen and Repeat　教室での会話を聞こう

71

マユとダニエルが教室で話しています。音声で内容を確認したら声に出して読みましょう。

1
① My brother likes soccer better than baseball. What sport do you like best?
② I like swimming best.
③ Why?
④ Because the rules are easy.

2
① I like basketball best. It's the most exciting sport.
② Do you belong to the basketball team?
③ Yes. We practice every Saturday afternoon.

3
① Who is your basketball coach?
② My dad is. He's the best basketball player I know. He also plays golf.
③ Maybe my dad plays golf better than your dad because he was a professional golf player.

4
① He never won a major golf tournament, so he gave up. But he always tells me, "Doing your best is more important than winning."
② That's true.

Words & Phrases

会話に出てきた下の表現も覚えましょう。

the rules：ルール／coach：コーチ／maybe：たぶん／professional golf player：プロのゴルフ選手／never：決して〜ない／won(win)：勝った(勝つ)／golf tournament：ゴルフの大会／do your best：最善を尽くす／winning：勝利／That's true.：それは本当です

1

「…より〜です」と比較する言い方を確認しましょう。better than …は「…よりうまい／よい」の意味です。

▶ Doing your best is more important than winning.
（最善を尽くすことは勝利より大切です）
▶ Are tigers more dangerous than lions?（トラはライオンよりも危険ですか）
▶ My brother likes soccer better than baseball.（私の兄は野球よりサッカーが好きです）
▶ My dad plays golf better than your dad.（私の父は君のお父さんよりゴルフがうまいです）

Unit 19でも「…より〜だ」を学んだね。ここでは形容詞の変化のさせ方に注意しよう。importantのような長い語は、more importantのように、単語の前にmoreをおくよ。good[well]はbetterに変化するよ。betterはWhich do you like better, red or white?（赤と白、どっちが好き？）のようにも使えるんだ。

good, well（よい）→better→best   easy（簡単な）→easier→easiest

2

「一番〜だ」という言い方を確認しましょう。the best 〜は「一番うまい／よい〜」の意味です。

▶ It's the most exciting sport.（それは一番興奮するスポーツです）
▶ Monkeys are the most interesting animals.（サルは一番興味深い動物です）
▶ He's the best tennis player in the world.（彼は世界で一番上手なテニス選手です）
▶ What sport do you like best?（あなたは何のスポーツが一番好きですか）
▶ I like swimming best.（ぼくは水泳が一番好きです）

長い語はmost importantのように単語の前にmostを置くんだ。「〜が一番好き」と言うときはlike 〜 bestを使うよ。

3

Who 〜?「〜はだれですか」「だれが〜ですか」の表現を確認しましょう。

▶ Who is your basketball coach?（あなたのバスケットボールのコーチはだれですか）
 — My father is.（私の父です）
▶ Who was your English teacher last year?（昨年の英語の先生はだれでしたか）
 — Mr. Thompson was.（トンプソン先生でした）
▶ Who cooks dinner?（だれが夕ごはんを作りますか）
 — My mother does.（私の母です）
▶ Who broke their leg?（だれが足を折ったのですか）　※質問している時点では男女が不明なので、his/herではなくtheirを使います。
 — Yusuke did.（ユウスケです）

上のように、Who is[was] 〜?で質問されたら〜 is[was].で答えるよ。Who cooks（動詞）〜?のように質問されたら、〜 does.で答えることに注意しよう。動詞が過去形だったらdidで答えるよ。

練習しよう

自分のことを（　　　　）に書きましょう。書けたら声に出して言ってみましょう。

(1) あなたは何の動物が一番好きですか。

What animals do you (＿＿＿＿＿) (＿＿＿＿＿)?

— I (＿＿＿＿＿) (＿＿＿＿＿) best.

(2) あなたの英語の先生はだれですか。

(＿＿＿＿＿) is your English teacher?

— Mr./Ms. (＿＿＿＿＿) (＿＿＿).

(3) 数学と科学のどちらの教科が難しいですか。

Which subject is (＿＿＿＿＿) (＿＿＿＿＿),

math or science?

— (＿＿＿＿＿) is (＿＿＿＿＿)(＿＿＿＿＿)

(＿＿＿＿＿)(＿＿＿＿＿).

筆記問題とリスニング問題をやってみよう

110ページと111ページでやったことを思い出して、問題にチャレンジしてみましょう。
解答欄で答えの番号をぬりつぶしましょう。

Reading　　**筆記問題**

目安時間
3分00秒

1　次の英文の（　　　）に入れるのに最も適切なものを1, 2, 3, 4の中から1つ選びなさい。

(1) A: Which subject do you like better, history or science, Jane?

B: I like science better. Science is more (　　　　　) than history.

1　beautiful　　2　dangerous　　3　interesting　　4　delicious

(2) A: Who is (　　　　　) popular teacher in your school?

B: Mr. Cooper is.

1　better　　2　best　　3　more　　4　the most

(3) Kazu is the most famous soccer player (　　　　　) Japan.

1　at　　2　in　　3　of　　4　on

2　次の会話について、（　　　）に入れるのに最も適切なものを1, 2, 3, 4の中から1つ選びなさい。

(1) Daughter: This math problem is more difficult than that one.

Father: (　　　　　) I can help you.

1　You may practice.　　　　2　Don't give up.

3　You can't win.　　　　　4　I'm working now.

(2)　　　Son: Dad, I'm not ready for the test tomorrow.

　　　Father: Don't worry. (　　　　　　　)

　　　1　I can't do it well.　　　　　　**2**　You won't study.

　　　3　It's your turn.　　　　　　　　**4**　Do your best.

(3)　Girl 1: Do you like that pink dress?

　　　Girl 2: No. (　　　　　　　)

　　　1　I'll show you another dress.

　　　2　I don't know where to go.

　　　3　I like this blue dress better than that one.

　　　4　I don't feel well.

【解答欄】

| 1 | (1) | ① ② ③ ④ | (2) | ① ② ③ ④ | (3) | ① ② ③ ④ |
| 2 | (1) | ① ② ③ ④ | (2) | ① ② ③ ④ | (3) | ① ② ③ ④ |

リスニング問題

73

1 イラストを参考にしながら対話と応答を聞き、最も適切な応答を1, 2, 3の中から1つ選びなさい。

1

2

3

2 対話と質問を聞き、その答えとして最も適切なものを1, 2, 3, 4の中から1つ選びなさい。

1　Kei.　　　　　　**2**　Jane.

3　Kei's father.　　　**4**　Jane's father.

3 英文と質問を聞き、その答えとして最も適切なものを1, 2, 3, 4の中から1つ選びなさい。

1　He made milk.

2　He made a milk carton.

3　He made juice.

4　He made paper.

【解答欄】

1	① ② ③
2	① ② ③ ④
3	① ② ③ ④

Unit 21 の ふりかえり

今日の学習で理解できたこと、むずかしかったことを書きましょう。

unit **22**

休暇の予定を立てよう
(There will be 〜、天気の表現)

学習日

月　日

このUnitでは天気に関する表現を学ぶよ。天気をたずねる言い方や、天候を表す表現を練習しよう。There will be 〜「〜があるでしょう」という言い方についても学ぼうね。

※このページの英文の意味は別冊30ページに掲載しています

Listen and Repeat 　家での会話を聞こう　🎧 74

マットとケイコが電話で休暇について話しています。音声で内容を確認したら声に出して読みましょう。

1
① We have winter vacation soon. We're going to New York before Christmas. Are you free during the winter vacation?

② Sounds fantastic! We're planning to go somewhere in winter.

③ Great. Shall we go together? Sophia and Daniel will be happy.

2
① Yusuke, Mayu, listen. I have big news. We're going to spend time in New York this Christmas. With the Benson family!

② Wonderful!

③ Great!

3
① There will be a big, beautiful Christmas tree in Times Square. I love seeing beautiful night views.

② Yes. There are many beautiful lights everywhere at Christmas.

4
① It will be snowing heavily in New York on December 24. Please drive carefully.

② The weather will be terrible in New York. Oh, no! I feel like I'm catching a cold!

Words & Phrases 　会話に出てきた下の表現も覚えましょう。

We're going to 〜：〜へ行く予定です／Are you free 〜？：〜はひまですか／We're planning to 〜：〜することを計画しています／will be happy：喜ぶでしょう／We're going to spend time 〜：〜で時を過ごす予定です／wonderful：すばらしい／terrible：ひどい

There will be 〜やいろいろな天気の表現を確認しよう

75

Point 1

ここでは、There will be 〜「〜があるでしょう」の意味を確認しましょう。

▶ There will be a big, beautiful Christmas tree in Times Square.
（タイムズスクエアには、大きくて美しいクリスマスツリーがあるでしょう）

▶ There will be a lot of snow in Manhattan next Sunday.
（今度の日曜日、マンハッタンにはたくさんの雪が降るでしょう）

> There are[is] 〜「〜があります」はUnit16で学習したね。There will be 〜
> は「〜があるでしょう」という未来のことを言うときに使うよ。

Point 2

天気に関するいろいろな表現を確認しましょう。

▶ The weather will be terrible in New York. （ニューヨークの天気はひどいでしょう）

▶ It will be snowing heavily in New York on December 24.
（12月24日、ニューヨークはひどく雪が降るでしょう）

▶ How is the weather? / What is the weather like? （お天気はどうですか）

▶ How will the weather be tomorrow? （明日の天気はどうでしょう）

▶ It's sunny / clear / cloudy / rainy / snowy / stormy.
（[日の照った]晴れです／[雲のない]晴れです／くもりです／雨です／雪です／嵐です）

> そのほかにもhot（暑い）、cold（寒い）、warm（暖かい）、cool（涼しい）、
> humid（湿気がある）などの表現があるよ。

Point 3

feel like 〜「〜する気分になる」という表現を確認しましょう。likeの後ろには文が
くることもあるし、名詞や動詞ingがくることもあります。

▶ I feel like I'm catching a cold. （かぜをひきそうな気分だ）

▶ I don't feel like going to the party. （パーティーに行く気分じゃないの）

> 2つめの文はShall we go to the party tomorrow?
> （明日パーティーに行きませんか）などへの返事に使えるね。

こんな表現も
一緒に
覚えよう！

love -ing（〜するのが大好きだ）：I love seeing beautiful night views. （美しい夜景を見るのが
大好きです）

take good care of 〜（〜をいたわる）：Please take good care of your health. （お体をいたわっ
てください）

練習しよう

(1) は答えを、(2)、(3) は自分のことを （　　　　　） に書きましょう。書けたら声に出して言ってみましょう。

(1) 「週末ひまですか」と相手を誘ってみましょう。

Are you (＿＿＿＿＿＿＿＿) this weekend?

(2) 「私は〜するのが大好きです」と言ってみましょう。

I love (＿＿＿＿＿＿＿＿＿＿＿＿＿＿＿＿＿＿).

(3) 「私は〜したい気分です」と言いましょう。

I feel like (＿＿＿＿＿＿＿＿＿＿＿＿＿＿＿＿).

Challenge!

筆記問題とリスニング問題をやってみよう

114ページと115ページでやったことを思い出して、問題にチャレンジしてみましょう。
解答欄で答えの番号をぬりつぶしましょう。

目安時間
3分00秒

Reading

筆記問題

1 次の英文の （　　　　） に入れるのに最も適切なものを1, 2, 3, 4の中から1つ選びなさい。

(1) A: Are you (　　　　　　) this weekend?

B: Yes. I have no plans.

1　happy　　　2　famous　　　3　free　　　4　poor

(2) A: Mom, I don't (　　　　　　) eating. I have a stomachache.

B: Take some medicine and go to bed.

1　have　　　2　feel like　　　3　go　　　4　like

(3) A: I think I have a cold.

B: Please take good care of your (　　　　　).

1　health　　　2　hospital　　　3　medicine　　　4　fever

2 次の会話について、（　　　　） に入れるのに最も適切なものを1, 2, 3, 4の中から1つ選びなさい。

(1) Woman: Jack, (　　　　　　) in Hawaii during your summer vacation?

Man: I'm going to surf and go scuba diving.

1　how is the weather　　　　2　are you going shopping

3　what are you planning to do　　4　where did you go

(2)　　Son: Mom, I'm going on a school trip tomorrow. (　　　　　　　)

Mother: It will be sunny and warm.

1　How often do you go?　　2　How will the weather be?

3　How long is it?　　4　How many books do you have?

(3)　　Man: What are your plan for summer vacation?

Woman: (　　　　　　) . How about you?

1　My father is going to Sapporo　2　Don't give up your plan

3　I visited London last summer　4　I'm planning to go to Los Angeles

【解答欄】

1	(1)	①	②	③	④	(2)	①	②	③	④	(3)	①	②	③	④
2	(1)	①	②	③	④	(2)	①	②	③	④	(3)	①	②	③	④

Listening　リスニング問題 76

1　イラストを参考にしながら対話と応答を聞き、最も適切な応答を1, 2, 3の中から1つ選びなさい。

1

2

3

2　対話と質問を聞き、その答えとして最も適切なものを1, 2, 3, 4の中から1つ選びなさい。

1　A lot of candles.

2　A lot of stars.

3　A lot of presents.

4　A big Christmas tree.

3　英文と質問を聞き、その答えとして最も適切なものを1, 2, 3, 4の中から1つ選びなさい。

1　It will rain heavily.

2　It will be terrible.

3　It will be cloudy.

4　It will be clear.

【解答欄】

1	①	②	③	
2	①	②	③	④
3	①	②	③	④

Unit 22 の ふりかえり

今日の学習で理解できたこと、むずかしかったことを書きましょう。

ライティング問題に挑戦しよう(5)

Eメールで質問されたことへの答えを英語で書く練習をしましょう。まずはEメールの内容、特に2つの質問（下線部）を確認した後に、「ライティングのポイント」をチェックします。そして、あなたならどう答えるかを ▢ の中に英文で書きましょう。語数の目安は15〜25語です。

E-Mail

HI,

I heard you had a barbecue party at your house last weekend. I'd like to know how it went. <u>How many people were there?</u> <u>And what was the most popular food?</u>

Tom

Hi, Tom!

Thank you for your e-mail.

▢

Best wishes,

ライティングのポイント

❶ 相手のEメールの最初の部分から、何が話題になっているのか読み取ります。

❷ 下線の2つの質問を読んで、どんなことを尋ねられているのか読み取ります。このとき、質問の最初にある、howやwhatなどの疑問の言葉に注目することが大切です。
※疑問文を作る言葉については、62ページの「まとめて身につけよう（2）」で確認できます。

❸ それぞれの質問への答えを自由に考えて書きます。質問がhow manyで始まっているなら「数」を答える、質問がwhatで始まっているなら「何なのか」を答える、というように、質問に合った返答になるようにします。

❹ 自然なメールになるように、ちょっとした感想を付け加えても構いません。 ▢ に入る部分が15語〜25語になるようにしましょう。

We enjoyed the barbecue party very much. Fifteen people came to the party. The most popular food was the hot dogs. They were delicious!（24語）

E-mail

全訳

こんにちは。先週末、きみの家でバーベキューパーティーがあったんだってね。どんな様子だったか知りたいな。何人が参加したの？　それと、一番人気のあった食べ物は何だったのかな。トム

解答例：こんにちは、トム！　メールをありがとう。バーベキューパーティーはとても楽しかったよ。パーティーには15人が来たんだ。一番人気があった食べ物はホットドッグだった。とてもおいしかったよ！　じゃあね。

自分で書いてみよう

質問を理解して答えを考える練習をします。まず、尋ねられていることを日本語で書きましょう。次にその答えとして、薄い文字をなぞります。（　　）部分は自分で考えて書きましょう。

※英文の意味と解答例は別冊32ページに掲載しています

(1) What time did the party start?

尋ねられていること：（　　　　　　　　　　　　　　　　　　）

答え：The party started at （　　　　　　　） o' clock.

(2) Where did you go?

尋ねられていること：（　　　　　　　　　　　　　　　　　　）

答え：I went to （　　　　　　　　　　　　　　　　）.

(3) How was the weather?

尋ねられていること：（　　　　　　　　　　　　　　　　　　）

答え：It was （　　　　　　　　　　　　　　　　）.

(4) Why did you stay home?

尋ねられていること：（　　　　　　　　　　　　　　　　　　）

答え：I stayed home because （　　　　　　　　　　　）.

まとめて 身につけよう(4)	いろいろな表現

知っておくと便利な表現を集めました。例文を参考にしながら、しっかりと身につけておきましょう。

1. 行動、動作、考えや気持ちを表す「動詞」

77

表現	意味	例文
bring	持ってくる	**Bring** lunch for the school trip tomorrow. (明日の遠足に弁当を持ってきなさい)
choose	選ぶ	We have to **choose** a new team leader. (私たちは新しいチームリーダーを選ばなければならない)
continue	続ける	He took a break and then **continued** working. (彼は休けいして、また働き続けました)
guess	推測する	I **guess** I'll be able to do it very well. (それをとてもうまくやれると思います)
imagine	想像する	**Imagine** that you've just won. (君が優勝したと想像してごらん)
laugh	笑う	She **laughed** when she saw his funny face. (彼のへんな顔を見たとき、彼女は笑いました)
keep	続ける	**Keep** going. (やり続けなさい)
last	続く	This sale **lasts** for only 15 minutes, so don't miss it. (このセールは15分だけ続きますので、逃さないでください)
lose	失う、負ける	Don't **lose** hope. (希望を失わないでください)
make	～を…にする	That song **makes** me happy. (あの歌は私を幸せにします[＝あの歌を聞くと幸せになります])
move	動かす 引っ越す	**Move** your desk. (机を動かしなさい) Mayu **moved** to Los Angeles. (マユはロサンゼルスに引っ越しました)
name	～を…と名づける	My parents **named** me Yuko. (私の両親は私をユウコと名づけました)
notice	気づく	**Notice** good things as they happen. (いいことが起こったとき、それに気づきなさい)
remember	覚えている	I'll always **remember** this day. (私はいつまでもこの日を覚えています)
remind	思い起こさせる	This picture of my uncle **reminds** me of my father. (叔父のこの写真は私に父を思い起こさせます)
send	送る	I'll **send** you a package tomorrow. (明日、あなたに荷物を送ります)
share	共有する	Can you **share** the textbook with her? (彼女と教科書を共有できますか)
show	見せる	I'll **show** you some pictures. / I'll **show** some pictures to you. (あなたに何枚かの写真を見せるよ)
win	勝つ	The Bears **won** the game. (ベアーズが試合に勝ちました)

2. 「動詞」を使った熟語

break one's promise	約束をやぶる	Don't **break your promise**. (約束をやぶってはいけません)
come true	実現する	If you want to make your dream **come true**, work hard. (もしあなたが夢を実現したいならば、一生懸命働きなさい)
get married to	結婚する	My brother **got married to** a doctor. (私の兄は医者と結婚しました)
have a chance to ~	~する機会がある	I'll **have a chance to** study abroad this summer. (私はこの夏に留学する機会があるでしょう)
raise one's hand	手をあげる	If you know the answer, **raise your hand**. (もし答えがわかったなら、手をあげなさい)
run away	逃げる	He **ran away** when he saw the bear. (彼はクマを見て逃げました)
shake hands	握手する	When we greet someone, we usually **shake hands**. (私たちはだれかとあいさつをするとき、たいてい握手をします)
throw away	捨てる	**Throw** this **away**. (これを捨ててください)
turn down	下げる	Please **turn down** the volume. My baby is sleeping. (ボリュームを下げてください。赤ちゃんが寝ています)

3. 「be動詞*」を使った熟語 [be＋形容詞＋前置詞]
＊be動詞：現在形は [am/are/is]、過去形は [was/were]

be absent from ~	~を欠席する	I **was absent from** school yesterday. (昨日、私は学校を欠席しました)
be different from ~	~と違った	My plan **is different from** yours. (私の計画はあなたのとは違います)
be made from ~	~でできている【原料】	Cheese **is made from** milk. (チーズは牛乳で作られています)
be made of ~	~でできている【材料】	This desk **is made of** wood. (この机は木でできています)
be similar to ~	~と似ている	Your opinion **is similar to** mine. (あなたの意見は私のと似ています)
be surprised to ~	~して驚く	My father **was surprised to** see my good grades. (私の父は私のいい成績を見て驚きました)

4. ものや概念を表す「名詞」

address	住所	Tell me your e-mail **address**. (メールアドレスを教えてください)
century	世紀	We live in the 21st **century**. (私たちは21世紀に生きています)

college	大学 (だいがく)	I want to study at **college** in the future. (私は将来、大学で勉強したいです)
culture	文化 (ぶんか)	Manga and anime are part of Japanese **culture**. (マンガやアニメは日本の文化の一部です)
custom	習慣 (しゅうかん)	Not wearing your shoes in the house is a Japanese **custom**. (家で靴をはかないのは日本の習慣です)
Earth	地球 (ちきゅう)	Mercury, Venus, **Earth** and Mars are planets. (水星、金星、地球、火星は惑星です)
energy	エネルギー	We have to start saving **energy** now. (今、私たちはエネルギーを節約し始めなくてはなりません)
favor	親切な行為 (しんせつ こうい)	May I ask you a **favor**? (お願いがあるのですが)
government	政府 (せいふ)	the Japanese **government** (日本の政府)
hometown	ふるさと	My mother's **hometown** is Kobe. (私の母のふるさとは神戸です)
job	仕事 (しごと)	My father's **job** is teaching math. (私の父の仕事は数学を教えることです)
middle	真ん中 (まなか)	The clock is in the **middle** of the park. (時計は公園の真ん中にあります)
opinion	意見 (いけん)	What's your **opinion**? (あなたの意見は何ですか)
purpose	目的 (もくてき)	My **purpose** for studying English is to be able to speak to people from around the world. (英語を勉強する目的は、世界中の人々と話をすることです)
reason	理由 (りゆう)	Tell me the **reason**. (理由を教えてください)
record	記録 (きろく)	The swimmer won the gold medal and broke the **record**. (その水泳選手は金メダルを取り、記録を更新しました)
section	セクション	The test has two **sections**: reading and listening. (そのテストは2つの部分、すなわち読解と聞き取りがあります)

5. 状態や気持ちを表す「形容詞」

81

bright	明るい (あかるい)	I like to wear **bright** colors. (私は明るい色の服を着るのが好きです)
common	一般的な (いっぱんてき)	It's quite **common** now. (それは、今ではかなり一般的です)
foreign	外国の (がいこく)	I want to make **foreign** friends. (私は外国の友だちを作りたいです)
nervous	緊張して (きんちょう)	I'm **nervous** about giving a speech. (私はスピーチをすることに緊張しています)
poor	貧しい (まずしい)	There are still many **poor** children in Africa. (アフリカにはいまだに貧しい子どもたちがたくさんいます)
rich	豊かな (ゆたかな)	Mr. Taylor is **rich**. (テイラーさんは裕福です)
rude	無礼な (ぶれいな)	He is **rude**. (彼は無礼です)
shy	内気な (うちきな)	I'm so **shy** that I can't talk to new people. (私はとても内気なので、新しい人たちとは話ができません)
strange	奇妙な (きみょうな)	There's something **strange** about this. (この件に関しては何か奇妙です)
traditional	伝統的な (でんとうてき)	*Kakizome* is a **traditional** New Year's event in Japan. (書き初めは日本の伝統的な新年の行事です)

6. その他のいろいろな表現

alone	1人で	My grandmother lives **alone**. （私の祖母は1人で住んでいます）
almost	ほとんど	Dinner is **almost** ready. （夕ごはんはほとんど準備できています）
and so on	～など	My mother can bake cookies, cake, bread **and so on**. （私の母はクッキー、ケーキ、パンなどを作れます）
both ... and ~	…も～も両方とも	I want **both** cookies **and** cake. （私はクッキーもケーキも両方ほしいです）
don't have to ~	～する必要がない	We **don't have to** wear a school uniform. （私たちは制服を着る必要がありません）
either ... or ~	…か～のどちらか	You can have **either** cookies **or** cake. （あなたはクッキーかケーキのどちらかを食べていいですよ）
enough to ~	～するほど十分	My father was kind **enough to** carry my suitcase. （私の父は私のスーツケースを運んでくれるほど親切でした）
for a while	しばらくの間	Please wait here **for a while**. （しばらくの間、ここで待ってください）
for free	無料で	Children can ride the roller coaster **for free** today because it's Children's Day. （子どもの日なので、今日は子どもたちは無料でジェットコースターに乗れます）
have gone to ~	～へ行ってしまった	My friend **has gone to** London. （私の友だちはロンドンへ行ってしまいました）
had better	～するべきだ	You **had better** take some medicine. （あなたは薬をのむべきです）
just	たった今	I've **just** finished my homework. （私はたった今、宿題を終えました）
not ... but ~	…でなく～だ	He does **not** have a cat **but** a dog. （彼は猫ではなく犬をかっています）
not only ... but also ~	…だけでなく～も	She speaks **not only** English **but also** Italian. （彼女は英語だけでなくイタリア語も話します）
on business	仕事で	My father went to London **on business**. （私の父は仕事でロンドンへ行きました）
one ... the other ~	ひとつは… もう一方は～	I have two dogs. **One** is big. **The other** is little. （私は2匹の犬を飼っています。1匹は大きくて、もう一方は小さいです）
right now	今すぐ	Go to bed **right now**, or Santa Claus won't bring you any presents. （今すぐ寝なさい、そうしないとサンタクロースはプレゼントを持ってきませんよ）
these days	近ごろ	I often read novels **these days**. （近ごろ、私はよく小説を読みます）
those days	そのころ	I often read comic books **in those days**. （そのころ、私はよくマンガを読んでいました）

Let's Try!

学んだ表現を使って自分のことを書いてみよう
83

※このページの英文の意味は別冊32ページに掲載しています

1 まずマユが自分のことについて書いているのを読んでみましょう。

2 その後、音声を確認しよう。

My Portrait
My name is Mayu. I'm in the fifth grade at Monica Elementary School. I'm 10 years old.

About Myself
My favorite subject is English. I have studied English for three years. I like to play basketball and soccer. I'm good at playing the piano.

My Future
In the future, I want to be a tour guide and travel around the world.

3 下の薄い文字をなぞった後に、マユの例を参考にして自分のことを書いてみましょう。

4 書き終えたら口に出して言ってみましょう。

文の最後にピリオド(.)を忘れないでね！

自分の写真をはろう！ 絵を描いてもいいよ。

My Portrait

My

I'm in

I'm

About Myself 69ページを参考にしよう！

My favorite subject is

I have studied English

I like to

I'm good at

My Future 41ページを参考にしよう！

In the future,

Grade **3**

予想問題
<small>よそうもんだい</small>

最後は、今まで学習したことの総まとめとして「英検」3級の予想問題にチャレンジしてみましょう。ここでは、本番の「英検」と同じ形式で同じ問題数が掲載されています。時計を見ながら、決まった時間内で解けるようにがんばってください。解答は本番と同じように145、146ページにある解答用紙を使って答えてください。

試験時間	筆記試験（65分）
	126〜135ページ
	リスニングテスト（約25分）
	136〜139ページ

📱 問題はアプリでも解くことができます。

☁ マークシートは PDF でダウンロードすることができます。
（詳しくは 12 ページをご覧ください。）

1

次の（1）から（15）までの（　　　）に入れるのに最も適切なものを **1, 2, 3, 4** の中から一つ選び、その番号のマーク欄をぬりつぶしなさい。

(1)　*A :* How much money did you (　　　) for the magazine?

　　　B : About 500 yen.

　　1 read　　　　**2** buy　　　　**3** sell　　　　**4** pay

(2)　*A :* I'm going to Hawaii next week. Can I (　　　) your camera?

　　　B : Sure. Here you are.

　　1 send　　　　**2** borrow　　　　**3** give　　　　**4** buy

(3)　*A :* There is a lot of (　　　) on the mountain.

　　　B : Yes, it's very dirty. I see a lot of plastic bottles, plastic bags and
　　　　　wasted food.

　　1 water　　　　**2** juice　　　　**3** garbage　　　　**4** houses

(4)　*A :* Let's clean (　　　) the kitchen and the bathroom.

　　　B : OK, Dad.

　　1 in　　　　**2** up　　　　**3** as　　　　**4** at

(5)　*A :* Do you know the man (　　　) in front of the movie theater?

　　　B : Yes. That's my teacher.

　　1 stand　　　　**2** stands　　　　**3** standing　　　　**4** to stand

(6)　*A :* Do you think Masako will come to the party?

　　　B : I think she (　　　). Let's ask her.

　　1 will　　　　**2** is　　　　**3** be　　　　**4** not

(7)　It was my birthday yesterday. I was very pleased because I (　　　) a lot
　　of birthday cards from my friends.

　　1 received　　　　**2** bought　　　　**3** gave　　　　**4** made

(8) A : Are you taking (   ) in the event this Saturday?

   B : I haven't decided yet, but I'll go if I have the time.

   1 lead   **2** role   **3** job   **4** part

(9) A : Have you (   ) started your new class?

   B : Not yet. It starts next Monday.

   1 still   **2** yet   **3** already   **4** very

(10) A : How can I get to the library from here?

   B : Turn (   ) at the corner and go straight along the street.

   1 off   **2** right   **3** on   **4** back

(11) A : You like fishing, don't you?

   B : Yes, it's my hobby. I go fishing (   ) a month.

   1 every   **2** often   **3** once   **4** three

(12) A : I want ice cream for dessert. How about you, Jane?

   B : I don't know (   ) to order.

   1 when   **2** where   **3** it's   **4** what

(13) He couldn't find the racket he wanted, so he left the shop (   ) buying anything.

   1 with   **2** without   **3** from   **4** in

(14) It's very dangerous (   ) play on the road.

   1 without   **2** at   **3** from   **4** to

(15) A : Could I have (   ) cup of tea, please?

   B : Yes, sir.

   1 but   **2** which   **3** another   **4** three

次の（16）から（20）までの会話について、（　　）に入れるのに最も適切なものを **1, 2, 3, 4** の中から一つ選び、その番号のマーク欄をぬりつぶしなさい。

(16)　*Woman 1 :* Let's go shopping at Bali Department Store. There is a big summer sale.

　　　Woman 2 : (　　　) A lot of things will be cheaper.

　　1　I like black sneakers.　　　　**2**　That sounds good.

　　3　It's going to rain.　　　　　　**4**　I'll tell you about it.

(17)　*Boy :* I heard you were in Australia for a year, Sara.

　　　Girl : That's right. (　　　)

　　1　I went there to study English.　**2**　It was sunny yesterday.

　　3　I sent an e-mail to my friend.　**4**　I spent $100 on a dress.

(18)　*Boy :* I had a good time yesterday. (　　　)

　　　Girl : Really? I've never been to one.

　　1　My uncle was kind to me.

　　2　My uncle took me to a basketball game.

　　3　I'm going to the mountains with my uncle.

　　4　My uncle made a bookcase for me.

(19)　　*Man :* You went to Spain, didn't you? Were you able to speak Spanish?

　　　Woman : Yes, (　　　)

　　1　I wasn't able to speak it.　　**2**　I learned English.

　　3　I was able to speak it a little.　**4**　I didn't like Spanish.

(20)　*Boy :* Do you know where she is from?

　　　Girl : She's from China. (　　　)

　　1　I don't know.　　　　　　**2**　You should ask her.

　　3　I'll introduce her to you.　　**4**　I want to talk to her.

3 **Ⓐ** 次の掲示の内容に関して、(21) と (22) の質問に対する答えとして最も適切なものを **1**, **2**, **3**, **4** の中から一つ選び、その番号のマーク欄をぬりつぶしなさい。

Volunteers Needed for Our School Festival

Southern High School is holding a school festival from October 24 to October 26. Our school holds a festival every fall, and many people look forward to it. Now we are looking for volunteers to help us plan and organize the event.

Our first meeting starts at 3 p.m. on September 1.
It will be in the meeting room next to the library.

If you are interested in working as a volunteer, please e-mail Tom Peters at tompeters@son.tc.com.

Working as a volunteer for the school festival will be a memorable* experience.
We are looking forward to working with you.

*memorable：記憶に残る

(21) How long is the school festival?
  1 Two days.
  2 Three days.
  3 Five days.
  4 Six days.

(22) If you're interested in being a volunteer, what should you do?
  1 E-mail Tom Peters.
  2 Call Tom Peters.
  3 Go to the library.
  4 Talk to the librarian.

129

次のEメールの内容に関して、(23) から (25) までの質問に対する答えとして
最も適切なものを **1**, **2**, **3**, **4** の中から一つ選び、その番号のマーク欄をぬりつぶ
しなさい。

From: Meg
To: Mom
Date: Aug 8, 2024 16:06
Subject: Frog

Hi, Mom,

I had a great time with my host family yesterday. Mr. and Mrs. Yamada took me to the beach by car. We had lunch there and had a beautiful ocean view from the restaurant. By the way, I'm really enjoying my summer course in Japan. At the end of this month, I have to show something interesting in school and talk about it. I was wondering what to talk about, and I just remembered my small wooden frog. Do you remember it? My uncle carved* it for me as a birthday present three years ago. I want to talk about it in class, so can you send it to me by airmail? Do you know where it is? It's on top of the bookshelf next to the desk in my room. It's the size of an egg. I need it by the end of summer school.
Love,
Meg

From: Mom
To: Meg
Date: Aug 9, 2024 20:45
Subject: Thank you

Hi, Meg,

Thank you for your e-mail. I was glad to hear you went to the beach. It sounds like you are having a great time with your host family in Japan! Well, I know where the frog is. It's small, but it's an excellent carving. It's a good idea to talk about it in class. I'll send it by airmail as soon as I can. It may take one or two weeks to get there from New York. Anyway, I'll ask the clerk at the post office when you'll be able to get it. I hope your classmates will enjoy your story.
Love,
Mom

---

*carve：彫る

130

(23) Where is Meg's mother?

    1 She's in Japan.

    2 She's in New York.

    3 She lives with Meg now.

    4 She's in Japan with Mr. and Mrs. Yamada.

(24) Why does Meg need the wooden frog?

    1 She's going to talk about it.

    2 She's going to give it to her classmate.

    3 She's going to give it to Mr. and Mrs. Yamada.

    4 She's going to put it in her room.

(25) How big is the wooden frog?

    1 It's about the size of a basketball.

    2 It's as big as her cat.

    3 It's about the size of an egg.

    4 It's as small as an eraser.

次の英文の内容に関して、(26) から (30) までの質問に対する答えとして最も適切なもの、または文を完成させるのに最も適切なものを 1, 2, 3, 4 の中から一つ選び、その番号のマーク欄をぬりつぶしなさい。

Mottainai

Wangari Maathai was a great woman from Kenya. She worked very hard for a long time to protect the environment and for the human rights* of African women. For those reasons, in 2004, she received the Nobel Peace Prize.

In February 2005, she was invited to come to Kyoto and heard the Japanese word *mottainai* for the first time. She found out the word meant "being wasteful*" in English. Also, she knew that the word included the idea of being respectful of resources*. When she explained the idea of the 3Rs of "reducing*, reusing* and recycling*," she noticed that *mottainai* was the best word to explain these things. She agreed with the idea of *mottainai*, so she decided to start her *mottainai* campaign around the world to protect the environment. In March 2005, at the United Nations*, she gave a speech about *mottainai*. After that, it became an international key word in the promotion* of environmental protection*.

People in Japan also learned the importance of the 3Rs. They started the "Bring Your Own Bag" campaign in supermarkets to reduce the use of plastic bags. One Japanese clothing company has begun a campaign to collect unwanted* clothes. The shop then sends the clothing to people in need all over the world. Now, plastics, plastic bottles, paper, cans and bottles are collected separately*. Also in Germany and the U.S., boxes called "Giveboxes" are used to collect unwanted things.

Thanks to Wangari Maathai's campaign, more and more people around the world have started to think about the future of the environment.

*human rights：人権　*wasteful：むだな　*resources：資源　*reduce：削減する　*reuse：再利用する　*recycle：リサイクルする　*the United Nations：国際連合　*promotion：促進　*protection：保護　*unwanted：不要な　*separately：分けて

(26) When did Wangari Maathai receive the Nobel Peace Prize?

1 In 2002.

2 In 2003.

3 In 2004.

4 In 2005.

(27) Why was Wangari Maathai impressed by the Japanese word?

1 Because she knew the meaning of "being beautiful."

2 Because she knew *mottainai* was an easy word.

3 Because many people said, "*Mottainai!*"

4 Because she knew the original meaning of *mottainai*.

(28) Where did Wangari Maathai give a speech about the word *mottainai*?

1 At the United Nations.

2 In Rome.

3 In Germany.

4 In Kyoto.

(29) To reduce the use of plastic bags,

1 you should buy food sold on plastic plates.

2 you should take your own bag with you when you go shopping.

3 you should separate cans from the other trash.

4 you should collect plastic bottles.

(30) What is this story about?

1 Wangari Maathai's campaign to protect the environment.

2 Wangari Maathai's life in Africa.

3 Wangari Maathai's travels around the world.

4 Wangari Maathai's family in Africa.

4 ライティング（E メール）

● あなたは、外国人の友達（Lisa）から以下のEメールを受け取りました。Eメールを読み、それに対する返信メールを、☐に英文で書きなさい。

● あなたが書く返信メールの中で、友達（Lisa）からの2つの質問（下線部）に対応する内容を、あなた自身で自由に考えて答えなさい。

● あなたが書く返信メールの中で☐に書く英文の語数の目安は、15語〜25語です。

● 解答は、146ページにあるEメール解答欄に書きなさい。なお、解答欄の外に書かれたものは採点されません。

● 解答が友達（Lisa）のEメールに対応していないと判断された場合は、0点と採点されることがあります。友達（Lisa）のEメールの内容をよく読んでから答えてください。

● ☐の下のBest wishes, の後にあなたの名前を書く必要はありません。

Hi,

I heard you went to the zoo with your family. I want to know more about it. <u>How was the weather?</u> And which animals did you like the best?

Your friend,
Lisa

Hi , Lisa!

Thank you for your e-mail.

> 解答は、146ページにあるEメール解答欄に書きなさい。
> なお、解答欄の外に書かれたものは採点されません。

Best wishes,

5 ライティング（英作文）

● あなたは、外国人の友達から以下のQUESTIONをされました。

● QUESTIONについて、あなたの考えとその理由を2つ英文で書きなさい。

● 語数の目安は25語〜35語です。

● 解答は、146ページにある英作文解答欄に書きなさい。なお、解答欄の外に書かれたものは採点されません。

● 解答がQUESTIONに対応していないと判断された場合は、0点と採点されることがあります。QUESTIONをよく読んでから答えてください。

QUESTION

What do you want to be in the future?

Listening Test

3級リスニングテストについて

このテストには第1部から第3部まであります。

> 英文は第1部では一度だけ、
> 第2部と第3部では二度放送されます。

第1部	イラストを参考にしながら対話と応答を聞き、最も適切な応答を1, 2, 3の中から一つ選びなさい。
第2部	対話と質問を聞き、その答えとして最も適切なものを1, 2, 3, 4の中から一つ選びなさい。
第3部	英文と質問を聞き、その答えとして最も適切なものを1, 2, 3, 4の中から一つ選びなさい。

第1部

例題

No. 1

No. 2

No. 3

No. 4

No. 5

No. 6

No. 7

No. 8

No. 9

No. 10

No. 11

1 To look for a suitcase.
2 To exchange money.
3 To buy some food.
4 To buy an airplane ticket.

No. 12

1 She will help David get dressed.
2 She will make David breakfast.
3 She will drive David to the library
4 She will drive David to his school.

No. 13

1 Once.
2 Twice.
3 Three times.
4 More than four times.

No. 14

1 For 3 years.
2 For 5 years.
3 For 10 years.
4 For 11 years.

No. 15

1 In front of the museum.
2 In the museum.
3 At home.
4 Near the museum.

No. 16

1 He took it last month.
2 He will take it next month.
3 He took it last Monday.
4 He will take it next Monday.

No. 17

1 A novel.
2 A DVD.
3 A birthday card.
4 Many books.

No. 18

1 It is so small.
2 It is night.
3 It is behind a tall building.
4 It is in the park.

No. 19

1 The man does.
2 The man's father does.
3 The woman does.
4 The woman's father does.

No. 20

1 She is washing Max.
2 She is washing towels.
3 She is making orange juice.
4 She is painting a picture.

No. 21

1 His mother.

2 His father.

3 His older brother.

4 The youngest son in his family.

No. 22

1 $1,200.

2 $800.

3 $600.

4 $400.

No. 23

1 8 a.m. on the 25th.

2 5 p.m. on the 25th.

3 10 p.m. on the 24th.

4 4 a.m. on the 25th.

No. 24

1 At a train station.

2 At a bus terminal.

3 At a hospital.

4 At an airport.

No. 25

1 It closes at 8 p.m.

2 It closes at 9 p.m.

3 It opens at 10 a.m.

4 It opens for 30 minutes.

No. 26

1 A player won the game.

2 I took part in the soccer game.

3 A player got injured.

4 We hoped to win the game.

No. 27

1 His hobby.

2 His father's job.

3 His father's hobbies.

4 Sports.

No. 28

1 The elephants.

2 The tigers.

3 The lions.

4 The giraffes.

No. 29

1 Last month.

2 Last year.

3 Last week.

4 Last Monday.

No. 30

1 Her cats.

2 A sleeping bag for her cats.

3 Her bag.

4 Photos of her cats.

二次試験の流れとポイント

二次試験は、面接形式のスピーキングテストです。面接委員と、すべて英語でコミュニケーションをおこないます。面接の流れと会話例を確認しましょう。

試験の流れ

① **入室**

係員の指示に従って入室します。入室する際にはあいさつをしましょう。

受験者 : Hello [Good morning / Good afternoon].

面接委員: Hello [Good morning / Good afternoon].

② **面接カードを渡し、着席する**

面接委員に「面接カード」を渡し、指示に従って着席します。

面接委員: Can I have your card, please?
受験者 : Yes. / Here you are.
面接委員: Thank you. Please sit down.
受験者 : OK. Thank you.

③ **氏名などの確認**

面接委員が氏名と受験する級の確認をします。その後、簡単なあいさつの会話を交わします。

面接委員: Good morning. My name is Michael Green. What's your name, please?
受験者 : My name is Nami Ono.
面接委員: Ms. Ono, this is the Grade 3 test, OK?
受験者 : Yes.
面接委員: How are you today?
受験者 : I'm fine, thank you.
面接委員: Good. Now, let's start the test.

④ 「問題カード」の受け取りとパッセージの黙読

パッセージ（文章）とイラストが印刷された「問題カード」が面接委員から手渡されます。

面接委員 : This is your card.
受験者　 : Thank you.

「問題カード」に書かれたパッセージを黙読します。黙読時間は 20 秒です。

面接委員 : First, please read the passage silently for 20 seconds.

⑤ パッセージの音読と 5 つの質問

「問題カード」に書かれたパッセージを音読します。あせらずに読みましょう。

面接委員 : Now, please read it aloud.

次に面接委員の 5 つの質問に答えます。

面接委員　 : Now, I'll ask you five questions.
No. 1　　 : 「問題カード」の英文についての質問
No. 2, 3 : イラスト内の人物の行動や、ものの状況についての質問
No. 4, 5 : 受験者自身のことなどについての質問

⑥ カードの返却と退室

「問題カード」を面接委員に返します。

面接委員 : This is the end of the test. May I have your card back, please?
受験者　 : Here you are.

これで試験は終了です。忘れ物のないように退室しましょう。

面接委員 : You may go now. Goodbye.
受験者　 : Thank you. Goodbye.

ポイントと注意したい点

入室時

● 自分の荷物は持ったまま入室します。携帯電話を持っている場合は電源を切り、会場で配布される受験者証兼携帯電話収納ケースに入れ、首からさげます。面接カードはすぐに渡せるよう、手に持っていましょう。

● 面接では応答内容、発音、語い、文法などだけでなく、積極的にコミュニケーションをしようとする意欲や態度も評価されます。入室した時から二次試験は始まっていると思って、積極的な態度で面接を受けましょう。

パッセージの音読

パッセージを音読する際は、タイトルから読みます。大きな声で、意味のまとまりを理解した上で読むようにしましょう。アクセントの位置などに注意しながら、あせらずていねいに読みましょう。

5つの質問

● No. 1, 2, 3に答える際は、「問題カード」を見てもかまいません。

● No. 3の質問の後、Please turn the card over.（カードを裏返してください）のように、「問題カード」を裏返すように指示されます。No. 4, 5は面接委員を見ながら話しましょう。

● No. 4, 5は、自分自身のことや日常生活の身近な事柄について、質問に答えます。カードのトピックに直接関連しない場合もありますので、質問をよく聞きましょう。

● 質問が聞き取れなかった場合など、自然な流れの中で行われた「聞き返し」なら減点の対象にはなりません。ただし不自然に行われたり、何度も聞き返したりした場合は、減点の対象になります。

　　聞き返す表現：
　　Could you say that again, please? / I beg your pardon?（もう一度言っていただけますか）

● 質問に対して答えている途中で、口ごもるなどして応答が滞る場合には、次の質問に進むことがあります。また、質問に関してゆっくり話してほしいなどのお願いや、その内容や文の意味などを確認することはできません。

試験終了後

退室後、控え室に戻ったり、待機中の受験者と話し合ったりしてはいけません。

面接問題にチャレンジ！！

音声を使って以下の手順で面接の練習をしてみましょう。

①	まずは以下のパッセージを20秒間で黙読しましょう。
②	音声を再生します。
③	音声から音読の指示がありますので、音声を止めて音読しましょう。
④	そのあと5つの質問がありますので、音声を止めずにそれぞれの質問に答えましょう。

※次のトラックに英文の読み方の例もあります。確認しましょう。

面接練習カード1

 87 88

Baseball

Baseball is a popular sport in Japan. Many junior high schools and high schools have baseball teams. Some people also like to watch baseball on TV. Some baseball fans go to see games in the stadiums.

Morning

There are a lot of things to do in the morning. People wash their faces and brush their teeth. These days, young people take a shower. Some people have bread and coffee for breakfast.

解答用紙

リスニング解答欄

第3部

問題番号	1	2	3	4
No. 21	①	②	③	④
No. 22	①	②	③	④
No. 23	①	②	③	④
No. 24	①	②	③	④
No. 25	①	②	③	④
No. 26	①	②	③	④
No. 27	①	②	③	④
No. 28	①	②	③	④
No. 29	①	②	③	④
No. 30	①	②	③	④

リスニング解答欄

第1部

問題番号	1	2	3	4
例題	①	●	③	
No. 1	①	②	③	
No. 2	①	②	③	
No. 3	①	②	③	
No. 4	①	②	③	
No. 5	①	②	③	
No. 6	①	②	③	
No. 7	①	②	③	
No. 8	①	②	③	
No. 9	①	②	③	
No. 10	①	②	③	

第2部

問題番号	1	2	3	4
No. 11	①	②	③	④
No. 12	①	②	③	④
No. 13	①	②	③	④
No. 14	①	②	③	④
No. 15	①	②	③	④
No. 16	①	②	③	④
No. 17	①	②	③	④
No. 18	①	②	③	④
No. 19	①	②	③	④
No. 20	①	②	③	④

解答欄

問題番号	1	2	3	4
(16)	①	②	③	④
(17)	①	②	③	④
(18)	①	②	③	④
(19)	①	②	③	④
(20)	①	②	③	④
(21)	①	②	③	④
(22)	①	②	③	④
(23)	①	②	③	④
(24)	①	②	③	④
(25)	①	②	③	④
(26)	①	②	③	④
(27)	①	②	③	④
(28)	①	②	③	④
(29)	①	②	③	④
(30)	①	②	③	④

（2：(16)～(25)、3：(26)～(30)）

解答欄

問題番号	1	2	3	4
(1)	①	②	③	④
(2)	①	②	③	④
(3)	①	②	③	④
(4)	①	②	③	④
(5)	①	②	③	④
(6)	①	②	③	④
(7)	①	②	③	④
(8)	①	②	③	④
(9)	①	②	③	④
(10)	①	②	③	④
(11)	①	②	③	④
(12)	①	②	③	④
(13)	①	②	③	④
(14)	①	②	③	④
(15)	①	②	③	④

（1）

4 Eメール解答欄
語数の目安は15〜25語です。

5 英作文解答欄
語数の目安は25〜35語です。

著者

斎藤 裕紀恵

中央大学国際情報学部教授。コロンビア大学ティーチャーズ・カレッジで英語教授法修士号、テンプル大学でPh.D.を取得。英検1級、TOEIC990点、国連英検特A級、通訳案内士などの資格をもつ。

石川 滋子

昭和女子大学附属高等学校非常勤講師。元中学・高校非常勤講師。立教大学英米文学科卒業。コロンビア大学ティーチャーズ・カレッジで英語教授法修士号を取得。英検1級、通訳案内士などの資格をもつ。

永澤 侑子（香恵子）

文教大学、駒澤大学、東京経済大学で非常勤講師として勤務。20年以上の児童英語指導経験をもつ。青山学院大学文学部英米文学科卒業。コロンビア大学ティーチャーズ・カレッジで英語教授法修士号を取得。

新・小学生の英検３級合格トレーニングブック［新形式対応版］

発行日 .... 2024年7月19日（初版）

著者 .... 斎藤裕紀恵、石川滋子、永澤侑子
編集 .... 株式会社アルク 文教編集部、挙市玲子
英文校正 .... Peter Branscombe、Margaret Stalker
カバーデザイン .... 二ノ宮匡（nixinc）
本文デザイン・DTP .... 株式会社創樹
表紙イラスト .... フクイヒロシ
本文イラスト .... フクイヒロシ、桑原正俊、上田春樹
ナレーション .... Julia Yermakov、Peter von Gomm、Rumiko Varnes、Josh Keller、Howard Colefield、Carolyn Miller、桑島三幸
録音・編集 .... 株式会社ジェイルハウス・ミュージック
印刷・製本 .... シナノ印刷株式会社
発行者 .... 天野智之
発行所 .... 株式会社アルク
〒141-0001 東京都品川区北品川 6-7-29
ガーデンシティ品川御殿山
Website：https://www.alc.co.jp/

地球人ネットワークを創る

アルクのシンボル
「地球人マーク」です。

本書は、2022年11月に刊行された『新・小学生の英検3級合格トレーニングブック』を2024年度第1回検定からの問題形式変更に対応させた改訂版です。

新・小学生の英検3級合格
トレーニングブック［新形式対応版］

別冊：解答解説と全文和訳

久しぶりに会う人にあいさつをしよう

P16 Listen and Repeat　久しぶりに会う人との会話を聞こう

【英文の意味】

(1) ①やあ、ケイコ。元気にしていたかい。　②こんにちは、マット。私はずっと元気ですよ。こちらがアキラ、ユウスケとマユです。こちらはマット・ベンソンさんよ。私が大学生だったときのホストブラザーなの。　③こんにちは、ベンソンさん。はじめまして。

(2) ①会えてうれしいよ。会えるのを楽しみにしていたんだ。　②長い間、ここに戻ってきたかったわ。だからあなたにまた会えて大変わくわくしているの。

(3) ①こちらへどうぞ。車で家まで送るよ。②ありがとう。　③ユウスケ、どのくらい英語を勉強しているの？　④1年生のときからです。

P18 Practice　練習しよう

【解答／解答例】

(1) How long <u>have</u> you <u>lived</u> here?
— I've lived here for five years. (私は5年間ここに住んでいます)

(2) I have <u>studied English</u> since I was <u>ten</u> years old. (私は10歳のときから英語を勉強しています)

P18 Challenge!　筆記問題とリスニング問題をやってみよう

筆記問題

1 【解答】(1) 4　(2) 3　(3) 4

【英文の意味】

(1) A：あの少女は私の友だちです。
B：彼女のことを知ってどのくらいになりますか。

(2) A：マイク、どのくらい東京に住んでいますか。
B：ここに2017年から住んでいます。

(3) 私と連絡を取り続けてください。

2 【解答】(1) 2　(2) 3　(3) 1

【英文の意味】

(1) 男性：来年の夏にハワイに行く予定だと聞いたよ、アリス。
女性：そのとおりよ。（　）
1　私は海を見ているの。
2　私はそこに泳ぎに行くのを楽しみにしているわ。
3　私はスキーに行くつもりよ。
4　私はハワイの出身よ。

(2) 母：ナイアガラの滝への旅行はどうだった？
息子：いい時間を過ごしたよ。（　）
1　最も長い川だったよ。
2　ぼくたちは山へ行ったよ。
3　すごくわくわくしたよ。

4　昨年から彼女を知っているよ。

(3) 男性：元気にしていたかい。
女性：（　）
1　私はずっと元気よ。
2　それはずいぶん前よ。
3　10年間よ。
4　ニューヨークに行ったわ。

1 【解答】1

【読まれた英文と意味】

☆：Hi, this is Kate. Where are you now? (もし、ケイトよ。今どこにいるの？)

★：Hi, I'm at the front gate of the amusem park. I've been here for an hour. (やあ、は遊園地の正門前にいるよ。1時間ここにいるん

☆：Sorry, I got up late. I'll be there soon. (ごめなさい、寝坊したの。すぐそこに行くわ)

★：1　OK. Hurry up. (わかった。急いで)

★：2　That's a good idea. (それはいい考えだ)

★：3　Let's go together. (一緒に行こう)

解説　got up lateは「寝坊した」の意味です。

2 【解答】2

【読まれた英文と意味】

★：I'm so excited, Nancy. (すごくわくわくしてるんだ、ナンシー)

☆：Why are you so excited? (なぜそんなにわくくしているの？)

★：I'm going to visit my grandparents in L Angeles. I haven't seen them for five yea (ロサンゼルスにいる祖父母を訪ねるんだ。5年会っていないんだよ)

☆：Have fun! (楽しんでね！)

◆Question

Why is the boy excited? (なぜ少年はわくわくしいるのですか)
1　彼の祖父母はロサンゼルスに行く予定です。
2　彼は祖父母に会いに、ロサンゼルスに行く予定です
3　彼はロサンゼルスにいる友だちに会う予定です。
4　彼の祖父母がナンシーを訪ねる予定です。

3 【解答】2

【読まれた英文と意味】

Emma had a best friend when she was six yea old. Her friend moved, but they keep in touc Today is Emma's 10th birthday. Her friend w come to Emma's birthday party. (エマは6歳のきに親友がいました。友だちは引っ越しましたが、2は連絡を取り合っています。今日はエマの10歳の誕日です。友だちはエマの誕生日パーティーに来ます)

◆Question

How long have they known each other?（彼女たちは互いを知ってどのくらいになりますか）

1　3年間。
2　4年間。
3　6年間。
4　10年間。

解説　エマが6歳のときの友だちで、10歳の誕生日に再会するので、答えは4年間になります。

20〜23ページ

家族を紹介しよう

① Listen and Repeat　マユの家族紹介を聞こう

【英文の意味】

(1) 私はマユです。日本で生まれました。私はピアノをひくのが好きです。毎日、ピアノをひく練習をします。私はまた、英語を勉強するのが好きです。クラスメートと英語を話すのを楽しんでいます。

(2) 私の父、アキラを紹介させてください。彼は歯医者です。彼は野球、バスケットボール、サッカーのようなたくさんのスポーツができます。彼は昨年ゴルフを始めました。彼は将来ゴルフがより上手になることを望んでいます。

(3) こちらは私の母、ケイコです。彼女は本を読むのが好きです。UCLAで英語を勉強したので、英語を流ちょうに話します。彼女は昨年フランス語も習い始めました。いつかフランスを訪れたいと思っています。

(4) こちらは私の兄、ユウスケです。彼は父に似ています。写真を撮るのが好きです。将来、写真家になりたいです。彼はサッカーを5年前に始めました。今、彼はサッカーをするのがとても得意です。

② Practice　練習しよう

【解答例】

(1) I like to dance with my friends.
(2) I hope to speak English better.
(3) I practice playing tennis every day.
(4) I enjoy taking photos.

【英文の意味】

(1) 私は友だちとおどるのが好きです。
(2) 私は英語をより上手に話せるようになりたいです。
(3) 私は毎日テニスの練習をします。
(4) 私は写真を撮るのを楽しみます。

② Challenge!　筆記問題とリスニング問題をやってみよう

筆記問題

①【解答】(1) 1　　(2) 3　　(3) 3

【英文の意味】

(1) A：ビル、あなたはスポーツをするのが好きですか。
　　B：はい、私はテニスとサッカーをすることを楽しみます。

(2) 私の兄は毎日ピアノをひく練習をします。彼は将来ピアニストになりたいと思っています。

(3) 私は祖母へ手紙を書き終えました。

解説　(1) 後ろに動詞のing形が入るのは、選択肢の中ではenjoyだけです。(3) finishの後ろには動詞ingが入ります。

②【解答】(1) 4　　(2) 1　　(3) 2

【英文の意味】

(1) 女性：将来何になりたいですか。
　　男の子：ぼくは絵を描くのが好きなので、（　　）
　　1　写真を撮るのを楽しみます。
　　2　それについては知りません。
　　3　フランスを訪れます。
　　4　画家になりたいです。

(2) 男の子：マイクがピアノを上手にひけるのを知っていた？
　　女の子：ええ、（　　）
　　1　彼はピアノを10年前にひき始めたのよ。
　　2　彼はとても上手に歌を歌うの。
　　3　彼はそれを上手にひけないわ。
　　4　彼はバイオリニストになりたいのよ。

(3) 女の子：あなたのお兄さんは何かスポーツが得意？
　　男の子：（　　）
　　1　ぼくは野球をするのが好きだよ。
　　2　彼はサッカーが得意だよ。
　　3　ぼくたちは一緒にスポーツをするよ。
　　4　彼はピアノがひけるよ。

解説　(1) 選択肢4のpainterは「画家」です。(2)「マイクがピアノを上手にひけるのを知っていたか」の質問に対し、Yesと答えた後の自然な返答は1だけです。(3) お兄さんが得意なスポーツについて聞かれて、答えとしてふさわしいのは2のみです。

リスニング問題　🎧07　☆＝女性　★＝男性

①【解答】2

【読まれた英文と意味】

★：How was your summer vacation?（夏の休暇はどうでしたか）

☆：It was great. I went to see my grandmother in Kyoto.（すばらしかったです。私は京都にいる祖母に会いに行きました）

★：Did you enjoy eating traditional Japanese food there?（そこで伝統的な日本の食べ物を食べて楽しみましたか）

☆：1　I enjoyed the summer.（私はこの夏を楽しみ

ました）

☆：2　Yes, I did.（はい）

☆：3　That's too bad.（それは残念です）

解説　Did you ～?と聞かれた場合は、まずそれに対してYes / Noと答えるのが自然です。選択肢3のThat's too bad.はよくないことを聞いたときの決まり文句です。

2【解答】**1**

【読まれた英文と意味】

★：What's your future dream?（将来の夢は何ですか）

☆：I want to be a doctor.（医師になりたいです）

★：Why do you want to be a doctor?（なぜ医師になりたいのですか）

☆：I want to help sick people.（病気の人たちを助けたいのです）

◆Question

Why does the girl want to be a doctor?（なぜ少女は医師になりたいのですか）

1　彼女は病気の人たちを助けたいです。

2　彼女は動物が好きです。

3　もちろん、彼女はなるでしょう。

4　彼女は医師になりたくないです。

解説　helpは「助ける」、sick peopleは「病気の人たち」です。

3【解答】**3**

【読まれた英文と意味】

Tim was born and brought up in the U.S. He moved from the U.S. to Japan five years ago. Now he enjoys his life in Japan. In the future, he wants to live in Canada.（ティムはアメリカで生まれ育ちました。彼はアメリカから日本に5年前に引っ越しました。今、彼は日本での生活を楽しんでいます。将来、彼はカナダに住みたいと思っています）

◆Question

Where was Tim born?（ティムはどこで生まれましたか）

1　日本。

2　カナダ。

3　アメリカ。

4　中国。

解説　be brought up in ～は「～で育つ」の意味です。

<table>
<tr><td rowspan="2">Unit
3</td><td>24～27ページ</td></tr>
<tr><td>## メールを送ろう</td></tr>
</table>

P24 Listen and Repeat　メールでのやりとりを見てみよう

【英文の意味】

(1) ①ダニエル、今日は学校はどうだった？　②よかっ

たよ！　新しい友だちができたよ。彼の名前は〔　〕ケルっていうんだ。　③そしてアニー叔母さん〔　〕らメールが来たよ。

(2) ダニエルへ

元気ですか。学校生活はどうですか。あなたに〔　〕とき、学校生活について教えてくださいね。こ〔　〕休みの計画はありますか。もしなければ、私た〔　〕訪ねて日本に来てください。来ることができる〔　〕教えてくださいね。お元気で。叔母のアニーより

(3) ①お母さん、この夏、日本のアニー叔母さんを訪〔　〕られる？　叔母さんに会いたいよ。②ええ、〔　〕はすてきね。日本に行きましょう。　③やっ〔　〕叔母さんに返事を書くよ。

(4) アニー叔母さんへ

こんにちは。ぼくはたくさんの友だちを作って〔　〕校生活を楽しんでいます。ところで、母と日本に〔　〕くことについて話しました。この夏に叔母さ〔　〕訪問できると言っていました。とてもわくわく〔　〕ています！　東京の夏はとても暑くて湿度が高〔　〕と聞きました。泳げる場所はありますか。ぼくは〔　〕本で叔母さんに会うのがとても楽しみです。また〔　〕ダニエルより

P26 Practice　練習しよう

【解答例】

①Subject : Winter vacation（冬休み）

②Dear Jennifer,（ジェニファーへ）

③How are you?（元気ですか）

④Take care,（お元気で）

⑤Toshi（トシ）

P26 Challenge!　筆記問題とリスニング問題をやってみよ〔　〕

筆記問題

【解答】(1) 1　(2) 1　(3) 3

【英文の意味】

差出人：坂井ユキ

宛先：エリナ・ロイス

日時：2022年5月5日、17時15分

タイトル：今週末の予定

エリナへ

エリナ、元気ですか。今週の土曜日は予定があります〔　〕もしなければ、私たちに加わりませんか。母と私は〔　〕館に行く予定です。その水族館には多くの魚、イル〔　〕アザラシがいます。そこにはすてきなレストランもあ〔　〕ので、おいしい食事ができます。その水族館は海の近〔　〕なので、夕方には夕日も見られます。すべてがわくわ〔　〕するものになるでしょう。あなたも来られるといいの〔　〕すが。

またね。ユキより

4

差出人：エリナ・ロイス
宛先：坂井ユキ
日時：2022年5月6日、19時20分
タイトル：お誘いありがとう
ユキへ
メールと招待をありがとう。あなたとあなたのお母さんと一緒にぜひ水族館へ行きたいです。私は熱帯魚やイルカがとても好きなので、そこに行くのが待ち切れません。夕日を見たいなら、あなたの家を2時ごろ出るのはどうですか。そうすると十分な時間があります。またね。エリナより

(1) ユキはエリナと何をしたいですか。
　　1　水族館に行く。
　　2　話すのを楽しむ。
　　3　魚を買う。
　　4　お母さんを訪ねる。
(2) 水族館では何が見られますか。
　　1　魚、イルカとアザラシ。
　　2　魚とニワトリ。
　　3　クマとトラ。
　　4　星。
(3) エリナは何時にユキの家を出る予定ですか。
　　1　4時ごろ。
　　2　5時ごろ。
　　3　2時ごろ。
　　4　3時ごろ。

リスニング問題 🎧10　☆=女性　★=男性

1【解答】2
【読まれた英文と意味】
★: Do you want to visit temples when you go to Kyoto this summer? (この夏、京都に行くときにお寺を訪ねたい?)
☆: Yes, I heard there are many beautiful temples there. (ええ、京都には美しいお寺が多くあると聞いたわ)
★: Please take a lot of photos then and show them to me. (たくさんの写真を撮って見せてね)
☆: 1　OK. Let's go to school. (いいわよ。学校に行きましょう)
☆: 2　Of course, I will. (もちろんよ)
☆: 3　Sure, see you then. (もちろん、そのときに会いましょう)
解説 I heard ～は「～と聞いた」の意味です。

2【解答】3
【読まれた英文と意味】
★: Do you have any plans for this summer vacation, Mom? (お母さん、この夏の計画はあるの?)

☆: Why? Do you want to do anything? (なぜ? 何かしたいことがあるの?)
★: I want to visit my grandfather in Hokkaido. (北海道のおじいちゃんを訪ねたいんだ)
☆: OK. I'll think about it. (わかったわ。それについて考えてみるわね)
◆Question
What does the boy want to do this summer? (少年はこの夏に何をしたいですか)
1　彼は泳ぎたいです。
2　彼は沖縄に行きたいです。
3　彼は祖父を訪問したいです。
4　彼は叔母さんを訪問したいです。

3【解答】2
【読まれた英文と意味】
I'm enjoying my school life with a lot of new friends. Last Saturday, I visited one of my friends, Yu-Jin. She's from South Korea. She told me about the food in South Korea. (私はたくさんの新しい友だちと学校生活を楽しんでいます。先週の土曜日、友だちのひとり、ユジンを訪問しました。彼女は韓国出身です。彼女は韓国の食べ物について教えてくれました)
◆Question
Where is Yu-Jin from? (ユジンはどこの出身ですか)
1　彼女は日本出身です。
2　彼女は韓国出身です。
3　彼女は学校から来ました。
4　彼女は韓国に行きたいです。
解説 She's from South Korea. と言っているので、選択肢2が正解です。

Unit 4　28〜31ページ　レストランで食事をしよう

P28 Listen and Repeat　レストランでの会話を聞こう
【英文の意味】
(1) ①こんばんは、お客様、ご注文はお決まりですか。
　　②はい、グリーンサラダとステーキをお願いします。ああ、あと食事の後にコーヒーを1杯お願いします。
(2) ①今日は一生懸命働いたからおなかがすいているの。このステーキは本当においしいわね。　②それを聞いてうれしいよ。塩を取ってくれる?　③はい、どうぞ。
(3) ①デザートに何かほしいな。　②私もよ。でも何を注文していいかわからないの。　③すみません、デザートメニューをいただけますか。
(4) ①オレンジシャーベットをお願いします。　②私にはアイスクリームをください。コーヒーをもう1杯

お願いできますか。　③かしこまりました。

P30 Practice 練習しよう

【解答例】

(1) (Yes. I'd like) a hamburger, please.

(2) I'd like chocolate ice cream, please.

(3) Yes, please. / No, thank you.

【英文の意味】

(1) 店員：ご注文はお決まりですか。
　　あなた：はい、ハンバーガーをお願いします。

(2) 店員：デザートにはどんな種類のアイスクリームがよろしいですか。
　　あなた：チョコレートアイスクリームをお願いします。

(3) 店員：紅茶をもう1杯いかがですか。
　　あなた：はい、お願いします。／いいえ、けっこうです。

解説 (3) 断るときのNo, thank you.「いいえ、けっこうです」の表現も覚えておきましょう。

P30 Challenge! 筆記問題とリスニング問題をやってみよう

筆記問題

1 【解答】 (1) 1　　(2) 3　　(3) 4

【英文の意味】

(1) A：マイケル、バス停の名前を知っている？
　　B：もちろんだよ、おばあちゃん。心配しないで。いつバスを降りるか教えるよ。

(2) A：かぜにきくものがほしいです。
　　B：この薬はとてもいいですよ。

(3) ママ、砂糖を取ってくれる？

解説 (1) get off ～は「～から降りる」という意味。(2) ここでのcoldは名詞で「かぜ」の意味です。(3)「～を取ってくれる？」と頼むときはCould you pass me ～?を使います。

2 【解答】 (1) 2　　(2) 1　　(3) 2

【英文の意味】

(1) 息子：お母さん、お母さんのクッキーはいつもおいしいよ。
　　母：ありがとう、トム。（　）
　　1 それをどこで買ったの？
　　2 それを聞いてうれしいわ。
　　3 彼がそれを買ったの。
　　4 私も音楽が好きよ。

(2) 店員：終わりましたか。
　　女性：はい。アイスクリームはとてもおいしかったです。（　）
　　店員：かしこまりました、お客様。
　　1 コーヒーをもう1杯いただけますか。
　　2 いらっしゃいませ。

---

3 注文したいのですが。

4 散歩に行きましょう。

(3) 男性：サンドイッチをください。
　　店員：かしこまりました。（　）
　　1 幸運を祈ります。
　　2 どんな種類のサンドイッチがよろしいですか。
　　3 私もです。
　　4 メニューをいただけますか。

解説 (2) 選択肢2のMay I help you?は店員が言う「いらっしゃいませ」です。

リスニング問題 🎧 13　☆=女性　★=男性

1 【解答】 2

【読まれた英文と意味】

★：Good evening, are you ready to order? (こんばんは、ご注文はお決まりですか)

☆：Yes, I'd like a hamburger steak and a green salad, please. (はい、ハンバーグステーキとグリーンサラダをお願いします)

★：Which kind of dressing would you like? We have Thousand Island, Italian and French dressing. (どんな種類のドレッシングがよろしいですか。サウザンアイランド、イタリアン、フレンチドレッシングがあります)

☆：1 I'm hungry. (おなかがへっています)

☆：2 Italian, please. (イタリアンをお願いします)

☆：3 I'm waiting for my husband. (夫を待っています)

解説 Which kind of dressing would you like?はWhat dressing would you like?とも言います。選択肢3のwait for ～は「～を待つ」という意味です。

2 【解答】 3

【読まれた英文と意味】

☆：John, what are you doing? Come down! (ジョン、何をしているの？ 下りて来て！)

★：I'm still doing my homework. Can you help me, Mom? (まだ宿題をしているんだ。お母さん、手伝ってくれる？)

☆：No, I'm very busy, so I can't. Ask your sister. (だめよ、すごく忙しくてできないわ。お姉ちゃんに頼んで)

★：OK. I'll ask Amy when she gets home. (わかった。エイミーが帰ったら頼むよ)

◆Question

Who will probably help John with his homework? (だれがジョンの宿題を手伝ってくれそうですか)

1 ジョンのお母さん。

2 ジョンのお父さん。

3 ジョンのお姉さん。

4 ジョンのお兄さん。

解説 Come down.は「下りて来なさい」の意味です。

③【解答】3

【読まれた英文と意味】

In the morning, I talked about lunch with Anna. She said she didn't want anything for lunch, because she didn't feel well. I wanted a hamburger and some salad. (朝、私はアンナと昼ごはんについて話しました。彼女は気分がよくなかったので、昼ごはんに何も食べたくないと言いました。私はハンバーガーとサラダが食べたかったです)

◆Question

What did Anna want to eat for lunch? (アンナは昼ごはんに何を食べたかったですか)

1 サンドイッチ。

2 サラダ。

3 何も食べたくなかった。

4 ハンバーガー。

解説 saidはsay (言う) の過去形で、saidの後ろには主語の人が言った内容がきます。because ~は「~なので」という意味で、後ろに理由が述べられています。

32~35ページ

料理をしよう

32 Listen and Repeat **キッチンでの会話を聞こう**

【英文の意味】

(1) ①お母さん、おなかがへったよ。 ②今夜、夕ごはんに何を食べたい？ ③ハンバーガーが食べたい。

(2) ①私が料理をする手伝いをしてくれる？ ②いいよ、何をするべきかな。 ③サイドディッシュを作ってくださいね。 ④もちろん、お母さん。

(3) 最初にニンジンとジャガイモの皮をむいてね。それからそれらをゆでてね。最後にフライパンでいためてね。

(4) ①夕ごはんができたよ。 ②今日はダニエルが夕ごはんを作る手伝いをしてくれたのよ。 ③すごいね！ このハンバーガー、いいにおいがするよ。

34 Practice **練習しよう**

【解答例】

(1) I'd like a steak.

(2) Yes, please. / No, thank you.

【英文の意味】

(1) 今夜、夕ごはんに何が食べたいですか？
   ステーキが食べたいです。

(2) 紅茶をいかがですか？
   はい、お願いします。／いいえ、けっこうです。

P34 Challenge! **筆記問題とリスニング問題をやってみよう**

筆記問題

①【解答】 (1) 4　　(2) 1　　(3) 2

【英文の意味】

(1) A：クッキーを食べてもいい？

   B：最初にレポートを終えないといけないよ。そうしたら食べることができるよ。

(2) A：ケーキを作りました。ご自由にめし上がってください。

   B：わあ、おいしそう！

(3) 図書館では大きな声で話さないで。

解説 (1) first of allもfirstと同じ「最初に」という意味です。(2) a pieceは大きなひとつのケーキから切り分けた「ひと切れ」ということです。(3) speak in a loud voiceで「大きな声で話す」という意味です。

②【解答】 (1) 3　　(2) 3　　(3) 1

【英文の意味】

(1) 息子：お菓子を食べてもいい？
   母：(　　)、でもまず手を洗うべきよ。

   1 いいえ、だめよ

   2 よくできたわね

   3 もちろんよ

   4 あまりよくないわ

(2) 母：昼ごはんに何を食べたい？
   息子：(　　)

   1 ぼくものどが渇いているよ。

   2 ぼくは夕ごはんが食べたいよ。

   3 ぼくはサンドイッチが食べたいよ。

   4 ぼくはトマトが好きだよ。

(3) 父：もっとケーキをいかが？
   娘：(　　)。おなかがいっぱいなの。

   1 いいえ、いらないわ

   2 はい、お願いするわ

   3 あなたのために作ったの

   4 とてものどが渇いているわ

解説 (2) 食べたいものが答えとなっている選択肢3が正解です。I'dはI wouldの短縮形です。(3) I'm full.は「おなかがいっぱい」の意味なので選択肢1が正解です。

リスニング問題 🎧16　☆＝女性　★＝男性

①【解答】3

【読まれた英文と意味】

☆：I'll make curry and rice tonight. (今夜はカレーライスを作るわ)

★：Can I help you, Grandma? (おばあちゃん、手伝おうか)

☆：Thank you. First, cut the vegetables. (ありがとう。最初に野菜を切って)

★：1 OK, you worked hard. （わかった、あなたは一生懸命働いたよ）

★：2 Sure, I can't. （いいよ、できないよ）

★：3 OK, I'll do that. （わかった、切るよ）

解説 「野菜を切って」と言われて、「はい、切ります」という選択肢3が正解です。

2 【解答】2

【読まれた英文と意味】

★：This salad looks delicious. （このサラダ、おいしそうだね）

☆：Sam helped me make it. （サムが作るのを手伝ってくれたのよ）

★：Sam, you did a good job. It's delicious. （サム、よくやったね。おいしいよ）

☆：Please have some more. （もっと食べてね）

◆Question

What did Sam do? （サムは何をしましたか）

1 彼はカレーライスを作りました。

2 彼はお母さんがサラダを作るのを手伝いました。

3 彼は皿を洗いました。

4 彼はお父さんと話しました。

解説 Sam helped me make it. と言っているので、選択肢2が正解です。

3 【解答】1

【読まれた英文と意味】

Today was our mother's birthday. My brother and I cooked dinner for her. First, I washed the vegetables. Then, I cut them. Finally, I fried them in a frying pan. We're glad she enjoyed eating our cooking. （今日は私たちの母の誕生日でした。弟と私は母のために夕ごはんを作りました。最初に私は野菜を洗いました。それから野菜を切りました。最後にフライパンでいためました。母が私たちの料理を食べるのを楽しんでくれたので、私たちはうれしいです）

◆Question

What did the girl do first? （少女は最初に何をしましたか）

1 彼女は野菜を洗いました。

2 彼女は野菜を切りました。

3 彼女は野菜の皮をむきました。

4 彼女はパンを焼きました。

解説 First, I washed the vegetables. と言っているので、選択肢1が正解です。We're glad ～は後ろのthatが省略されていて「～でうれしい」という意味です。

38～39ページ　　まとめて身につけよう（1）

文章の構成を知ろう

【解答】（1）4　　（2）4

【英文の意味】

（1）もしこのキャンペーンに参加したいならば、最初

1 食べ物と飲み物を持ってくるべきです。

2 ゴミを家に持ち帰るべきです。

3 富士山に行くべきです。

4 ウェブサイトに行き、登録するべきです。

（2）もしあなたが18歳以下ならば、

1 あなたの祖父と一緒にはこのキャンペーンに加できません。

2 ひとりでもこのキャンペーンに参加できます

3 両親に同意してもらう必要があります。

4 大人と来るべきです。

Unit **6** 40～43ページ

ロサンゼルスを観光しよう

P40 Listen and Repeat 観光中の会話を聞こう

【英文の意味】

（1）ハリウッドサイン

①ソフィア、ロサンゼルスをあちこち案内してくてありがとう。　②どういたしまして、ユウス向こうを見て。あれがハリウッドサインよ。ロサゼルスの有名な目印なのよ。　③ここにいるなて信じられないよ！

（2）UCLAで

①あれがUCLAよ。カルフォルニア大学ロサンルス校という意味よ。私はあそこで法律を勉強て弁護士になりたいの。　②がんばって！

（3）ラ・ブレア・タールピットで

①わぁ。こんな場所に来るのは初めてだ。すごいや②氷河時代の絶滅した動物を見ることができるの。

（4）カリフォルニア科学センターで

①あれがエンデバー号ね。大きいよね。　②そうね！ 3人の日本人宇宙飛行士が乗ったんだよ。本人の間でとても有名なスペースシャトルだよ。

P42 Practice 練習しよう

【解答例】

（1）Congratulations!

（2）Good luck (to you) !

（3）Better luck next time!

【英文の意味】

（1）友人：英語のテストに合格したの。

　　あなた：おめでとう！

（2）友人：明日、野球の試合があるんだ。

　　あなた：幸運を！

（3）友人：算数のテストがあまりうまくいかなったんだ。

　　あなた：次はうまくいくよ！

筆記問題

1 【解答】(1) 4　　(2) 1　　(3) 2

【英文の意味】

(1) A：UCLA？それはどんな意味ですか。
　　B：それはカルフォルニア大学ロサンゼルス校という意味です。

(2) A：このバスは大きいですね。
　　B：はい。それは東京と横浜を結ぶ急行バスです。

(3) 彼女は芸術家になりたいので毎日絵を描いています。

解説　(1) stand for ～は何の省略形かを説明するときの言い方です。(2) This busはitに置きかえられるので、isn't it? が正解です。

2 【解答】(1) 2　　(2) 3　　(3) 4

【英文の意味】

(1) 男の子：昨日、一生懸命勉強したんだけど、歴史のテストはうまくいかなかったよ。
　　女の子：（　　）
　　1　とてもよかったわ。
　　2　次はうまくいくといいわね。
　　3　おめでとう。
　　4　私はよく忘れるの。

(2) 客：この机はかわいいね。私の娘に買いたいわ。
　　店員：ありがとうございます。（　　）
　　1　それは高すぎます。
　　2　あちこちお見せしましょう。
　　3　それは若い女性に人気があるのです。
　　4　次回にどうぞお買い求めください。

(3) 女性：法律を勉強して弁護士になりたいです。
　　男性：本当ですか？（　　）
　　1　問題ないです。
　　2　どういたしまして。
　　3　これが初めてです。
　　4　私もです。

解説　(1)「テストがうまくいかなかった」と言っているのでなぐさめの言葉を選びます。(2) 女性は買うと言っているので、いい選択です、という意味で「若い女性に人気がある」と店員がつけ加えています。

リスニング問題 🎧21　☆＝女性　★＝男性

1 【解答】1

【読まれた英文と意味】

★：Thank you for inviting me to your house. (私を家に招待してくれてありがとう)

☆：Come in, please, Mr. Jones. My husband is in the garden now. (どうぞお入りください、ジョーンズさん。夫は今、庭にいます)

★：I've waited for a long time to meet him. (彼に会うのを長い間待っていました)

☆：1　Please follow me. (ついてきてください)

☆：2　He's going to take a bus. (彼はバスに乗るつもりです)

☆：3　I have to go out soon. (すぐに出かけないといけません)

解説　Please follow me. (ついてきてください) は人を案内するときの決まり文句です。

2 【解答】2

【読まれた英文と意味】

☆：Do you know Mr. Green? (グリーン先生を知っている？)

★：Yes, I do. He's my music teacher. (ああ、知っているよ。彼はぼくの音楽の先生だよ)

☆：Oh! Is he? I thought he was a scientist. (まあ！そうなの？　私は彼を科学者かと思っていたわ)

★：No, he's a musician. (いいや、彼は音楽家だよ)

◆Question

What subject does Mr. Green teach? (グリーン先生は何の科目を教えていますか)
1　数学。
2　音楽。
3　英語。
4　理科。

解説　musician (音楽家)、scientist (科学者) はianやistが単語の語尾につき、「～する人」を表しています。

3 【解答】2

【読まれた英文と意味】

You like art, don't you? If you're interested, please visit our great art museum. You can see a lot of paintings by great artists from all over the world. (あなたは芸術が好きですよね？　もし興味があるなら、どうぞ私たちのすばらしい美術館を訪れてください。あなたは世界中の偉大な芸術家たちの絵画を見ることができます)

◆Question

What can you see at the art museum? (その美術館で何を見ることができますか)
1　芸術家。
2　絵画。
3　デザイン。
4　船。

解説　paintings (絵画) とartists (芸術家) が同じ文に入っていますが、「何を見ることができますか」に対する答えは絵画です。芸術家 (人) ではありません。

7 祖父母の家に行こう

P44 Listen and Repeat 道案内の会話を聞こう

【英文の意味】

(1) 母からのメモ
祖父母の家への行き方。
1 ブリック駅から電車に乗りなさい。
2 バーモント駅で降りなさい。ブリック駅からバーモント駅までは10分かかります。
3 バーモント駅からスティーブンソンまでバスに乗りなさい。
4 バスステーションに着いたらおばあちゃんに電話しなさい。

(2) 駅で
①どこでバーモント行きの電車に乗れるか教えてください。 ②バーモント行きの電車は3番ホームから出ます。 ③すぐに出る電車はありますか。 ④はい、5分後に出ます。

(3) バーモント駅で
①どのバスがスティーブンソンに行きますか。 ②1番停留所からのバスに乗るとスティーブンソンに行けます。スティーブンソン行きのバスは1時間に1本だけなので逃さないようにね。 ③わかりました、ありがとうございます。

(4) バスステーションで
①もしもし、おばあちゃん、今、バスステーションにいるの。家への行き方を教えてくれる？ ②もしもし、ソフィア。もちろんよ。道をまっすぐに行って。銀行の隣に私たちの家が見えるわよ。 ③ありがとう。後でね。

P46 Practice 練習しよう

【解答】

(1) Please tell me <u>where to buy a present</u> for my friend.

(2) Could you tell me <u>how to get to the library</u>? / <u>the way to the library</u>?

P46 Challenge! 筆記問題とリスニング問題をやってみよう

筆記問題

1 【解答】 (1) 1 (2) 2 (3) 1

【英文の意味】

(1) A：博物館への行き方を教えていただけますか。
B：もちろんです、まっすぐに行って、最初の角を右に曲がってください。

(2) 駅への行き方を教えてください。

(3) 駅への途中で、文具店が右手に見えます。

解説 (1) the way to＋場所で「～への行き方」の意

味です。(2) how to get to＋場所もまた「～への行き方」の意味です。(3) on your way to ～で「～への途中で」の意味です。

2 【解答】 (1) 1 (2) 3 (3) 3

【英文の意味】

(1) 男性：東京から新潟まで列車でどのくらいかか
ますか。
女性：(　　)
1 およそ2時間です。
2 右に曲がってください。
3 100円です。
4 それは簡単です。

(2) 女性：このあたりに郵便局はありますか。
男性：(　　)
1 はい、本屋があります。
2 それは本当ではありませんでした。
3 はい、あなたの右側に見えます。
4 私はそれを簡単に見つけられます。

(3) 男性：母へのプレゼントをどこで買ったらいし
わかりません。
女性：(　　)彼女に花を買えますよ。
1 本はよいです。
2 私は誕生日カードを書きました。
3 この近くにある花屋さんはどうですか。
4 ケーキを焼いたらどうですか。

解説 (1) How long ～?は時間を聞く質問なの
「およそ2時間」という時間を表す選択肢1が正解。
Yesが入っている選択肢1も選んでしまいがちです
答えとしてふさわしいのは3です。(3) (　)の直後
あるYou can buy her some flowers.の一文がヒ
トになります。

リスニング問題 🎧24 ☆＝女性 ★＝男性

1 【解答】 1

【読まれた英文と意味】

☆：Please tell me how to get to the park. (公
への行き方を教えてください)

★：Sure, go straight along the street. (いいて
よ、道をまっすぐ行ってください)

☆：How long does it take from here? (ここか
どのくらいかかりますか)

★：1 It takes about five minutes. (約5分です)

★：2 It's near the school. (学校の近くです)

★：3 It's 100 meters. (100メートルです)

解説 かかる時間を聞くHow long ～?の質問に
時間を含んでいる選択肢1が正しい返答です。

2 【解答】 4

【読まれた英文と意味】

★：Mom, do you know where to buy a ni

birthday card?（お母さん、すてきな誕生日カードはどこで買えるか知っている？）

☆：There is a good stationery store near the station.（駅の近くにいい文房具店があるわよ）

★：Really?（本当？）

☆：I can go there with you.（一緒に行けるわよ）

◆Question
What does the boy want to do?（少年は何をしたいですか）

1 彼は書店に行きたいです。
2 彼はバッグがほしいです。
3 彼は友だちに会いたいです。
4 彼は誕生日カードを買いたいです。

解説 to buy a nice birthday cardと言っているので、選択肢4が正解です。

3 【解答】1
【読まれた英文と意味】
To go to your uncle's house, first, take the train for Misty at the station, Ellen. Then, take a bus from Misty Station. Finally, get off at the third stop.（エレン、叔父さんの家に行くためには、最初に駅でミスティ行きの電車に乗りなさい。それから、ミスティ駅からバスに乗りなさい。最後に3番目のバス停で降りなさい）

◆Question
What does Ellen have to do first?（エレンは最初に何をするべきですか）

1 電車に乗る。
2 バスを降りる。
3 バスに乗る。
4 叔父さんの家まで歩く。

解説 first, take the trainと言っているので、選択肢1が正解です。

48〜51ページ

電話やメールでやりとりしよう

8 Listen and Repeat 電話での会話を聞こう
【英文の意味】
(1) ①こんにちは、マユです。ダニエルとお話しできますか。 ②こんにちは、マユ。もちろんよ、ちょっと待ってね。
(2) ①こんにちは、マユ。元気？ ②元気よ。今週の土曜日にティナのためにサプライズ誕生日パーティーを計画しているの。あなたも加わらない？ ③ぜひ。トムにも加わってほしいな。 ④いいアイデアね！
(3) 差出人：ダニエル
宛先：トム
日時：2022年6月16日、18時45分

タイトル：ティナのためのサプライズパーティー
こんにちは、トム、元気ですか。マユとぼくは今週の土曜日にティナのためにサプライズ誕生日パーティーをしようと思っています。マユの家でパーティーをする予定です。4時から始まります。参加できますか。もし参加できるなら、ティナにあげるちょっとしたプレゼントを考えておいてくれますか。なんでもいいです。
またね。ダニエルより

(4) 差出人：トム
宛先：ダニエル
日時：2022年6月16日、19時40分
タイトル：ありがとう
こんにちは、ダニエル。ティナの誕生日パーティーへの招待をありがとう。ぜひ加わりたいけれど、その日はサッカーの試合に参加しなければなりません。それに学校のプロジェクトもまだ終わっていません。みんながパーティーを楽しんでくれるように願っています。
月曜日に学校で会いましょう。トムより

P50 Practice 練習しよう
【解答例】
(Hi,) Ikuya, (how are you?)
I have two tickets for a popular group's concert this Sunday. Would you like to come to the concert with me?
See you, Makoto
【英文の意味】
こんにちは、イクヤ、元気？ ある人気グループの今度の日曜日のコンサートのチケットを2枚持っているの。一緒にコンサートへ行かない？
またね。マコトより

P50 Challenge! 筆記問題とリスニング問題をやってみよう
筆記問題
【解答】(1) 3 (2) 2 (3) 1
【英文の意味】
差出人：中川チエ
宛先：ナンシー・スミス
日時：2022年8月1日、9時
タイトル：夏のプロジェクト

ナンシーへ
元気ですか。夏休みを楽しんでいますか。ところで、夏のプロジェクトはもう終えましたか。私たちはほかの国の文化について調べなければなりません。私はまだプロジェクトを終えていませんが、カナダの異なる文化について調べたいと思っています。私の祖父母はカナダに住んでいるので、カナダをより知りたいと思っています。

もしまだあなたが終えていなければ、今週の土曜日、一緒に図書館に行きませんか。都合を知らせてください。

またね。チエより

差出人：ナンシー・スミス
宛先：中川チエ
日時：2022年8月3日、12時
タイトル：イングランドでの滞在

チエへ

メールをありがとう。私はこの夏休み、イングランドの祖父母の家にいます。イングランドには異なる文化があります。多くの人はコーヒーより紅茶を飲むことを好みます。私はここイングランドの文化に興味があるので、夏のプロジェクトのためにそれを勉強しようと思います。一緒に図書館に行きたいのですが、8月の終わりまで日本に戻りません。だから行けませんが、8月の終わりに会いたいです。どうぞ残りの夏休みを楽しんでください。お元気で。ナンシーより

(1) 彼女らは夏の間、何をしなければなりませんか。
　　1 図書館に行く。
　　2 夏を楽しむ。
　　3 夏のプロジェクトをする。
　　4 一生懸命働く。

(2) チエはナンシーとどこへ行きたいですか。
　　1 カナダへ。
　　2 図書館へ。
　　3 学校へ。
　　4 イングランドへ。

(3) ナンシーはいつ戻りますか。
　　1 8月の終わり。
　　2 来年。
　　3 昨年。
　　4 秋の終わり。

(((🎧)) リスニング問題 🎧 27　　☆＝女性　★＝男性

1【解答】1
【読まれた英文と意味】
★：Hi, this is Henry. Can I talk to Mayumi, please? (こんにちは、ヘンリーです。マユミとお話しできますか)
☆：I'm sorry, but she's out right now. (ごめんなさい、彼女はちょうど今、出かけています)
★：Can I leave a message? (伝言を残せますか)
☆：1　Sure. (もちろんです)
☆：2　I don't know. (わかりません)
☆：3　She'll come home. (彼女は帰ります)
解説 she's outは「彼女は外出している」という意味です。

2【解答】4

【読まれた英文と意味】
☆：Vincent, have you already finished clear〔ing〕 the living room? (ビンセント、もうリビング〔ルー〕ムをそうじし終えた?)
★：No, not yet, Mom. (いや、まだだよ、お母さ〔ん〕)
☆：Would you do it right away? (すぐにして〔くれ〕る?)
★：Sure, I will. (もちろん、するよ)

◆Question
What does Vincent have to do now? (ビンセ〔ント〕は今何をしなければなりませんか)
1 ダイニングルームのそうじをする。
2 何かを買う。
3 宿題を終える。
4 リビングルームのそうじをする。
解説 リビングルームのそうじはnot yet (まだす〔んで〕いない)と答えたビンセントにお母さんが「すぐした〔さ〕い」と言っているので、選択肢4が正解。

3【解答】3
【読まれた英文と意味】
Margaret and Natasha are going to have 〔a〕 birthday party for Nancy. Her birthday 〔is〕 October 8. They're looking forward to 〔the〕 birthday party. (マーガレットとナターシャはナンシ〔ー〕の誕生日パーティーをする予定です。彼女の誕生日〔は〕10月8日です。彼女たちは誕生日パーティーを楽し〔み〕にしています)

◆Question
Whose birthday is October 8? (10月8日はだれ〔の〕誕生日ですか)
1 マーガレットの誕生日。
2 ナターシャの誕生日。
3 ナンシーの誕生日。
4 ティナの誕生日。
解説 a birthday party for Nancyと言っているの〔で〕選択肢3が正解。

Unit **9** 52～55ページ
誕生日パーティーに参加しよう

P52 Listen and Repeat パーティーでの会話を聞こ〔う〕
【英文の意味】
(1) ①おめでとう! 君のためにプレゼントを買った〔よ〕
　　②なんてきれいなバラでしょう!　③気に入って〔〕くれてうれしいな。
(2) ①ユカは来ると思う?　②きっと来ると思うけ〔れ〕
　　③遅くなってごめんなさい。
(3) ①彼女はティナの友だちだよね。　②そうよ、ナ〔ン〕シーよ。　③彼女がどこの出身か知っている?

12

彼女はカナダ出身よ。彼女をあなたに紹介するわね。

(4) ①こんにちは、ナンシー、こちらはダニエルよ。ダニエル、こちらはナンシー。　②こんにちは、ナンシー、会えてうれしいよ。ダニーとよんで。　③こんにちは、ダニー、会えてうれしいわ。ナンとよんでね。

4 Practice 練習しよう

【解答例】

(1) I'm proud of <u>my father</u>.

(2) I'm afraid of <u>spiders</u>.

(3) I'm busy with <u>my homework</u>.

(4) <u>My brother</u> is always kind to me.

【英文の意味】

(1) 私は父のことを誇りに思います。

(2) 私はクモが怖いです。

(3) 私は宿題で忙しいです。

(4) 私の兄はいつも私に親切です。

4 Challenge! 筆記問題とリスニング問題をやってみよう

筆記問題

1 【解答】(1) 3　　(2) 1　　(3) 3

【英文の意味】

(1) A：誕生日パーティーはいかがでしたか。

　　B：すばらしかったです。たくさんのカードを受け取りました。

(2) A：どこで駅までのバスに乗れるかわかりますか。

　　B：はい、向こうにバス停があります。

(3) 急ぎましたが、私は会議に間に合いませんでした。

解説　(2) 答えの文を見るとバス停の場所が話されているので、場所を聞くwhereが正解です。(3) I was not in time for ～で「～に間に合わなかった」の意味です。

2 【解答】(1) 1　　(2) 4　　(3) 1

【英文の意味】

(1) 女性：こんにちは、はじめまして、スミスさん。

　　男性：こちらこそ、はじめまして。（　　）

　　1　マイクとよんでください。

　　2　それでけっこうです。

　　3　はい、それはいい仕事でした。

　　4　彼女をよく知っています。

(2) 息子：お父さん、テストに受かったよ！

　　父：（　　）がんばったね！

　　1　お誕生日おめでとう。

　　2　そんなによくないよ。

　　3　難しい課題だ。

　　4　おめでとう。

(3) 女の子：マークがどこ出身か知っている？

　　男の子：（　　）

　　1　彼はニュージーランド出身だよ。

　　2　彼は先月日本に来たんだ。

　　3　彼は新入生だよ。

　　4　うん、そうだよ。

解説　(2) pass the testで「テストに受かる」という意味です。選択肢3のtaskは「課題」の意味です。(3) 出身地について答えているものは1のみです。

リスニング問題　🎧30　☆＝女性　★＝男性

1 【解答】1

【読まれた英文と意味】

★：Happy birthday, Lucy.（ルーシー、お誕生日おめでとう）

☆：What a nice present!（なんてすてきなプレゼントでしょう！）

★：I'm glad you like them.（気に入ってくれてうれしいよ）

☆：1　Thank you very much.（どうもありがとう）

☆：2　Here you are.（はいどうぞ）

☆：3　This is my present.（これは私のプレゼントです）

解説　自然な返答は選択肢1だけです。

2 【解答】1

【読まれた英文と意味】

★：Mom, I received a lot of presents from my friends.（お母さん、友だちからたくさんのプレゼントを受け取ったよ）

☆：What did you get?（何をもらったの？）

★：I got a pencil case, three books and twenty cards.（ペンケース1つ、3冊の本と20枚のカードだよ）

☆：Wow, you're a lucky boy.（わあ、あなたはラッキーな男の子ね）

◆Question

How many cards did the boy receive?（少年は何枚のカードを受け取りましたか）

1　20枚。

2　10枚。

3　2枚。

4　12枚。

解説　twenty cardsと言っているので、選択肢1が正解。gotはgetの過去形です。

3 【解答】3

【読まれた英文と意味】

Last Sunday, we celebrated my grandmother's birthday. My father gave her a scarf and my mother made a cake for her. I gave her flowers. She looked very happy.（先週の日曜日、私たちは祖母の誕生日を祝いました。父はスカーフをあげて、母は

ケーキを作りました。私はお花をあげました。祖母はとても幸せそうでした)

◆Question

What did the girl's father give to her grandmother? (少女のお父さんはおばあちゃんに何をあげましたか)

1 ケーキ。

2 本。

3 スカーフ。

4 花。

解説 My father gave her a scarf と言っているので、選択肢3が正解。gaveはgiveの過去形。give＋人＋物は「(人) に (物) をあげる」という表現です。

Unit 10　56〜59ページ

長文を読んでみよう(1)

P56 Let's Read!　お話を読んでみよう

【英文の意味】

ゴールデンゲートブリッジ

　ゴールデンゲートブリッジのことを聞いたことがありますか。サンフランシスコとマリン郡の間にある太平洋にかかるつり橋です。長さは2,737メートルで高さは227メートルあります。橋の建設は1933年に始まり、1937年に終わりました。その橋がつくられる前、人々はサンフランシスコとマリン郡の間をフェリーで渡らなければなりませんでした。ですから多くの人々がその橋がつくられるのを待ち望んでいました。今、人々はその橋を車や自転車で渡ることができ、そして歩いて渡ることさえできます。

　ゴールデンゲートブリッジはサンフランシスコで最も人気のある場所のひとつで、世界中から訪れる多くの旅行者を魅了しています。人気の理由のひとつはその色です。ゴールデンゲートブリッジという名前のために、橋が金色だと思うかもしれませんが、実際にはインターナショナルオレンジです。サンフランシスコはよく霧で覆われますが、そのオレンジの橋は霧の中でさえもはっきりと見ることができます。これがオレンジが選ばれた理由のひとつです。このオレンジの色は昼間は海の青と対照的で、夜には暗さと対照的になります。

　橋の南東側の終わりにはゴールデンゲートブリッジ・ビジター・プラザとよばれる観光客のための場所があります。プラザでは橋の情報を得たり、土産品を買ったりすることができます。そこのカフェでは、橋のすばらしい景色が眺められます。

　ゴールデンゲートブリッジには多くの魅力があります。橋を歩いて渡ったり、昼間に海の上の橋を眺めたり、夜景を楽しんだりすることができます。友だちに土産品を買った後には1杯のコーヒーを楽しめます。もしサンフ

ランシスコを訪れる機会があったら、世界で最も美しい橋のひとつを訪れるのを忘れないでください。

P58 Practice　練習しよう

【解答例】

(1) It is 2,737 meters long.

(2) It is 227 meters high.

(3) It was built in 1937.

(4) It is International Orange.

(5) Yes, because I want to walk across the bridge. / No, because I've been there before.

【英文の意味】

(1) ゴールデンゲートブリッジはどのくらい長いですか。―2,737メートルです。

(2) ゴールデンゲートブリッジはどのくらい高いですか。―227メートルです。

(3) それはいつ建てられましたか。―1937年です。

(4) その橋は何色ですか。―インターナショナルオレンジです。

(5) あなたはゴールデンゲートブリッジへ行って見みたいですか。なぜ行ってみたいですか。なぜ行ってみたくないですか。―はい、橋を歩いて渡りたからです。／いいえ、以前そこに行ったことがあからです。

P58 Challenge!　筆記問題をやってみよう

筆記問題

【解答】(1) 1　(2) 2　(3) 4　(4) 3

(5) 1

【英文の意味】

エッフェル塔

　フランスにあるエッフェル塔を知っていますか。そはパリのシャン・ド・マルス (公園) のはじにある塔す。世界中からの旅行者と同様に日本からの旅行者はリに行く際にはその塔を訪れます。それは技術者、ギスタブ・エッフェルによって設計され、塔は彼にちなで名づけられました。

　それが建てられたとき、多くの人はそのデザインを判しました。しかしながら、それはフランスで最も人のある場所のひとつとなっています。1991年に塔をむパリのセーヌ川近辺地域は世界遺産になりました。

　塔は高さ324メートルで、3階建てです。1階と2はレストランや土産品店があります。3階にはパリい景色を眺めることができる展望台があります。

　入場料はさまざまです。もし一番高いところまでエベーターで行きたいなら、料金は大人26.8ユーロ、者は13.4ユーロ、子どもは6.7ユーロです。もし2階で歩いて行きたいなら、料金は大人10.7ユーロ、若は5.4ユーロ、子どもは2.7ユーロです。塔に入るま

に待たなければならないかもしれませんが、パリの美しい眺めを見るためにぜひ最上部まで行ってみるべきです。

(1) なぜエッフェル塔の名前がついたのですか。
　　1　技術者の名前にちなんで。
　　2　パリの人々のために作られたので。
　　3　パリの名前にちなんで。
　　4　シャン・ド・マルス通りに作られたので。

(2) その塔が含まれた地域が世界遺産になったのはつですか。
　　1　1889年。
　　2　1991年。
　　3　2008年。
　　4　2011年。

(3) その塔はどのくらい高いですか。
　　1　300メートル。
　　2　7メートル。
　　3　200メートル。
　　4　324メートル。

(4) 塔は何階建てですか。
　　1　4階。
　　2　2階。
　　3　3階。
　　4　5階。

(5) この話は何についてのものですか。
　　1　パリのエッフェル塔。
　　2　フランスのパリ。
　　3　エッフェル塔の5つの階。
　　4　塔が建てられた理由。

62〜63ページ　まとめて身につけよう（2）
疑問文を作るときに必要な言葉

1【解答例】
(1) I go swimming in summer.
(2) I was born on September 27, 2012.
【英文の意味】
(1) 私は夏に泳ぎに行きます。
(2) 私は2014年9月27日に生まれました。
解説　(1) 季節の前にはinをつけます。(2) 特定の日のときは日にちの前にonをつけます。

2【解答】
(1) Where do you live?
(2) Where is Japan?
【英文の意味】
(1) あなたはどこに住んでいますか。
(2) 日本はどこですか。
解説　(2) 答えるとき、ふつうはJapanをItにしてIt's in Asia. と言います。

3【解答例】
Mr. Yamada is.
【英文の意味】
山田先生です。

4【解答例】
Whose sneakers are these?
解説　「〜のもの」はmine（私のもの）、his（彼のもの）、hers（彼女のもの）、ours（私たちのもの）、theirs（彼ら［彼女ら］のもの）、yours（あなたたちのもの）などという表現があります。名前があるときは名前の後に '（アポストロフィー）＋sをつけてAnna's（アンナのもの）のように表現します。

5【解答例】
I got up at 7.
【英文の意味】
私は7時に起きました。
解説　時間の前にはatをつけます。at 7 o'clockとしてもいいでしょう。

6【解答例】
I like spring better.
【英文の意味】
私は春のほうが好きです。

Unit 11　64〜67ページ
授業や勉強の話をしよう

P64 Listen and Repeat　教室での会話を聞こう
【英文の意味】
(1) ①グリーン先生は昨日怒っていたね。　②ええ、何人かの生徒がうるさかったから怒っていたわ。彼はみんなに静かにするようにと言ったわ。　③わかった。ぼくたちは今日、彼の言うことを注意深く聞くべきだね。
(2) ①質問があります、グリーン先生。"Take your time."の意味は何ですか。　②マユ、いい質問だね。それは「急ぐ必要はない」を意味するんだよ。
(3) ①放課後グループのミーティングがあるの。4時半に231号室に来てほしいんだけど。だいじょうぶ？②ごめん、ちょっと遅れるんだ。図書館に本を返さなければならないんだ。
(4) ①わかったわ。急がなくていいわよ。　②ありがとう。後でね。

P66 Practice　練習しよう
【解答例】
(1) Sorry, I have to go home. / meet my friend.
(2) I'm sorry, I can't because I have a piano lesson. / I'm going to the dentist.

【英文の意味】

(1) 友人：お母さんが牛乳を買って来るように言ったの。私と一緒に来てくれる？

あなた：ごめんね、家に帰らなければならないんだ。／友だちに会わなければならないんだ。

(2) 友人：放課後、図書館で一緒に勉強がしたいの。

あなた：ごめんね、ピアノのレッスンがあるので行けないの。／歯医者さんに行く予定なので行けないの。

P66 Challenge! 筆記問題とリスニング問題をやってみよう

筆記問題

1【解答】(1) 2　　(2) 1　　(3) 3

【英文の意味】

(1) A：ジョン、どこに行くの？

B：公園に行くんだよ。お父さんがぼくに公園でマックスを散歩させるように言ったんだ。

(2) 昨日、母が病気で一日中寝ていたので、私がカレーを作りました。

(3) A：将来何をするつもり？

B：私は海外に留学するつもりなんだ。

解説 (1) 選択肢2と4を日本語にすると同じ「言った」ですが、saidはsaid to＋人で「(人)に言った」となります。(2) all dayは「一日中」という意味です。(3) study abroadで「留学する」という意味です。

2【解答】(1) 4　　(2) 1　　(3) 2

【英文の意味】

(1) 母：駅でステイシーに会えたの？

息子：うん、もちろんだよ、でも（　　）

1 彼女は来なかったよ。

2 ぼくは彼女と駅で会うことに決めたんだ。

3 ぼくは駅に着けなかったんだ。

4 彼女は少し遅れたんだ。

(2) 先生：ピーター、私たちは3時にミーティングを開く予定よ。（　　）

生徒：もちろんです。時間通りにそこに行きます。

1 520号室に来てほしいの。

2 明日はどう？

3 2時に来ることができる？

4 一緒に行きましょう。

(3) 女性：ジミー、私はそんなに速く行けないわ。
（　　）

男の子：わかったよ、おばあちゃん。

1 すばらしい。

2 あなたにゆっくり歩いてもらいたいわ。

3 あなたに賛成よ。

4 私は買い物に行かなかったわ。

解説 (1) 駅で息子とステイシーは会えたので、選択肢4以外は会話として成り立ちません。are[am, is]

---

able to ～は「～できる」の意味。(2)「on time (時間通りに)」行くと答えているので、1以外は会話がかみ合いません。

リスニング問題 🎧 43　　☆＝女性　★＝男性

1【解答】1

【読まれた英文と意味】

★：I'm going to the library after school. Are you coming?（放課後図書館に行くつもりなんだ。君も来る？）

☆：Are you going to read a book?（本を読むつもりなの？）

★：No, we have an English test tomorrow. I'm going to study.（いいや、明日英語のテストがあるだろ。勉強するつもりだよ）

☆：1 Oh, no! I forgot.（あら、まあ！　忘れていたわ）

☆：2 What are you doing after school?（放課後あなたは何をするの？）

☆：3 Mr. Johnson will be back in a minute.（ジョンソン先生はすぐに戻るでしょう）

解説 女の子がテストのことをすっかり忘れていたことがOh, no!の表現からうかがえるため、選択肢1が自然な答えです。forgotはforget（忘れる）の過去形です。

2【解答】2

【読まれた英文と意味】

★：Ms. Taylor, I have a question.（テイラー先生、質問があります）

☆：Sure, go ahead.（いいですよ、言ってごらんなさい）

★：What does "s-a-i-l" mean?（s-a-i-lはどういう意味ですか）

☆：Well, good question, Taro. It means "to travel in a boat."（うーん、いい質問ですね、タロウ。それは「船で旅する」という意味ですよ）

◆Question

What does Taro want to know?（タロウは何を知りたいのですか）

1 travelの意味。

2 sailの意味。

3 boatの意味

4 testの意味。

解説 travelは「旅行する」、boatは「ボート」、testは「テスト・試験」の意味です。

3【解答】3

【読まれた英文と意味】

Ms. Ross told her class to prepare for a test last week. A lot of students failed the test because they didn't study hard. Today, she decided to give the same test. (ロス先生は先週、クラスにテストの準備をするように言いました。彼らは一生懸命勉強しなかったのでたくさんの生徒がテストに落ちました。そこで先生は今日、同じテストをすることに決めました)

◆Question
What test did Ms. Ross decide to give to her class today? (ロス先生は今日、クラスにどんなテストをすることに決めたのですか)
1 英語のテスト。
2 算数のテスト。
3 同じテスト。
4 簡単なテスト。

解説 the same testと言っているので選択肢3が正解です。

68~71ページ
課題や課外活動の話をしよう

8 Listen and Repeat　授業中の会話を聞こう
【英文の意味】
(1) ①いいですか。今日、この英語の授業では、みんなはペアになって物語を作ります。マユ、ダニエル、協力して取り組んでください、いいわね。　②はい、ゴードン先生。　③もちろんです、ゴードン先生。
(2) ①私は犬が好きだから犬の物語を作りたいわ。犬の名前はバディよ。　②いいよ。おもしろそうだね。
(3) ①最初、バディの飼い主のフレッドは何も言わずに家を出てしまったの。　②わあ！　それはひどいや。③バディは悲しかったの、そして食べるものが何もなかったのよ。
(4) ①授業中にこの物語を終わらせることはできなかったわね。学校の図書館で一緒にこの物語を終わらせることができる？　②ごめん。今日はそれをする時間がないんだ。明日はどう？　③いいわよ。

70 Practice　練習しよう
【解答例】
(1) Yes, I do. / No, I don't.
(2) I like math. / It's English.
(3) I'm in the swimming club. / I don't belong to any club.
【英文の意味】
(1)　友人：今日はすることがたくさんあるの？
　　あなた：うん、あるよ。／いや、ないよ。
(2)　友人：好きな科目は何？
　　あなた：算数だよ。／英語だよ。
(3)　友人：何のクラブに入っているの？
　　あなた：水泳部だよ。／何にも入っていないよ。

P70 Challenge!　筆記問題とリスニング問題をやってみよう
筆記問題
【解答】(1) 1　(2) 2
【英文の意味】
料理部
私たちのクラブに来てください！　私たちはクッキーやケーキを焼きます。また、カレー、シチューやほかのたくさんの料理を作ります。私たちには作る料理がたくさんあります。すばらしいと思いませんか。家庭科のスミス先生が私たちに料理法を教えてくれます。幸せを感じることなく調理室を出ることはないでしょう。私たちは食べるのが好きなのです！
第1、第3水曜日
私たちの学校の調理室で
午後4時に
第1水曜日：私たちはクッキーやケーキのようなデザートを焼きます。またパンも焼きます。
第3水曜日：私たちは和食、中華料理、フランス料理、イタリア料理を作ります。
いつでも歓迎です。部員は親しみやすく親切です。
楽しいです！
前もって私たちに連絡をとる必要はありません。第1、第3水曜日の午後4時に調理室に来るだけでいいのです。もし何か質問があれば私にメールをください。

イシダ チヒロ：cishida@alc.com

(1) このクラブはいつケーキを焼きますか。
　　1 第1水曜日。
　　2 月の最後の土曜日。
　　3 第2水曜日。
　　4 第3水曜日。
(2) もしあなたが中華料理に興味があれば、いつ調理室に行くべきですか。
　　1 第1水曜日。
　　2 第3水曜日。
　　3 月の最後の日。
　　4 月の最後の土曜日。

リスニング問題　🎧46　☆＝女性　★＝男性
1 【解答】1
【読まれた英文と意味】
☆: James, can you help me now? (ジェームス、今手伝ってもらえる？)
★: Sorry, I'm busy. I have a lot of things to do now. (ごめん、忙しいんだ。今することがたくさんあるんだ)
☆: Please, I need someone to help me carry this box. It's so heavy. (お願い、この箱を運ぶのを手伝ってくれるだれかが必要なの。とても重いのよ)

★：1 OK, just a minute.（わかった、ちょっと待って）

★：2 It's 12:30. Time for lunch.（12時半だ。昼ごはんの時間だ）

★：3 Can you carry it by yourself?（ひとりで運べる？）

解説 help＋人＋動詞で「(人) が〜するのを手伝う」です。

2【解答】3
【読まれた英文と意味】

☆：Can you play any musical instruments?（何か楽器をひける？）

★：Yes, I'm good at playing the guitar.（うん、ぼくはギターをひくのが得意だよ）

☆：Oh, that's great! Can you play it at the school festival?（わあ、それはいいわね！ 学園祭でひいてくれる？）

★：Sorry, my guitar is broken. I don't like to play without my own guitar.（ごめん、ぼくのギターは壊れているんだ。自分のギターなしではひきたくないんだ）

◆Question

Where does the girl want the boy to play the guitar?（少女は少年にどこでギターをひいてほしいのですか）

1 市のコンサートで。
2 授業で。
3 学園祭で。
4 少女の家で。

解説 musical instrumentは「楽器」、school festivalは「学園祭」です。

3【解答】2
【読まれた英文と意味】

Yesterday, I was busy because I had a lot of things to do. I returned some books to the library, went to the dentist and bought some food at the supermarket. I went swimming later.（昨日、ぼくはたくさんすることがあったので忙しかったです。図書館に本を返しに行って、歯医者に行って、スーパーマーケットで食べ物を買いました。その後で水泳に行きました）

◆Question

Why was the boy busy yesterday?（なぜ少年は昨日、忙しかったのですか）

1 彼は書店で本を買いました。
2 彼はたくさんすることがありました。
3 彼は何もすることがありませんでした。
4 彼はコンビニエンスストアに行きました。

解説 一見どの選択肢も答えになりそうに思えますが、

実際にあてはまるのは2だけです。

Unit 13 72～75ページ

旅行の計画を立てよう

P72 Listen and Repeat 夏休みの計画を立てる会話を聞こ
【英文の意味】

(1) ①こんにちは、ダニエル、夏休みは何か特別なこ
をするの？ ②うん、今年の夏、家族とぼくはキンプに行く予定なんだ。 ③楽しそうね。キャンは年にどのくらい行くの？

(2) ①たいてい年に2回キャンプに行くよ。ぼくたち一緒に来ない？ ②ありがとう。お母さんに聞いみるわ。 ③ぼくのお父さんが君のお母さんに話するよ、いいかい？

(3) ①もしもし、こちらはマットです。 ②こんにちはこちらはケイコよ。 ③この夏に私たちはキャンに行く予定なんだ。一緒に来てはどうかな。

(4) ①どのくらい滞在する予定なの？ ②1週間だよ③そこで何をするの？ ④テントをたてて、川にりへ行くんだ。魚と野菜でバーベキューをするの⑤いいわね！

P74 Practice 練習しよう
【解答例】

(1) I'm going to watch a movie.

(2) I go there once a week. / never go there.

(3) I have learned it since I was eight.
【英文の意味】

(1) 友人：今週の土曜日は何をするの？
あなた：映画を見る予定だよ。

(2) 友人：どのくらい公園へ行く？
あなた：週1回公園に行くよ。／公園には行かいよ。

(3) 友人：どれくらい英語を勉強してきた？
あなた：8歳のときから勉強しているよ。

解説 (1) What are you doing?はWhat are yogoing to do?と同じ意味で使われます。

P74 Challenge! 筆記問題とリスニング問題をやってみよ
筆記問題

1【解答】 (1) 3 (2) 2 (3) 3
【英文の意味】

(1) A：ごめんなさい、遅れてしまったわ。どのくらここにいるの？
B：ほんの2、3分だよ。心配しなくていいよ。

(2) A：来週の日曜日、泳ぎに行こう。
B：楽しそうね。

(3) あなたの吹奏楽団は週にどのくらい練習しますか

解説 (2) go swimming で「泳ぎに行く」の意味です。

2【解答】(1) **2** (2) **1** (3) **2**

【英文の意味】

(1) 女性：今週末に映画を見に行く予定です。土曜日はひまですか。

男性：わかりませんのでスケジュールをチェックして、（　　）

　1　テレビを見ます。
　2　後で電話します。
　3　月曜日に会いに行きます。
　4　あなたがそれを確認します。

(2) 息子：来週の日曜日、ぼくのサッカーの試合を見に来る？

父：ああ、忘れていたよ。ゴルフをする予定だったんだけど、（　　）

　1　中止するよ。
　2　ゴルフができないよ。
　3　コンサートへ行くんだ。
　4　手伝えるよ。

(3) 男性：今年の冬休みに何か特別なことをする予定ですか。

女性：はい。（　　）

　1　ハワイに泳ぎに行きます。
　2　カナダにスキーに行く予定です。
　3　今年の冬はイタリアを訪れました。
　4　空港へ行きました。

解説 (1) call は「電話する」という意味です。(2) but の後ろにくる文としてふさわしいのは選択肢**1**です。cancel は「～を中止する」という動詞です。

リスニング問題 🎧 49　☆＝女性　★＝男性

1【解答】3

【読まれた英文と意味】

☆：Where are you going this summer vacation?（この夏休みはどこに行く予定なの？）

★：To Italy.（イタリアだよ）

☆：That's wonderful! Have a nice trip.（すてきね！よい旅を）

★：1　I'm going there next time.（今度そこへ行く予定だよ）

★：2　I visited my grandparents.（祖父母を訪ねたよ）

★：3　Thanks, I will.（ありがとう、そうするよ）

解説 Have a nice trip.「よい旅を」という決まり文句への返答は、選択肢**3**が適切です。

2【解答】4

【読まれた英文と意味】

☆：Are you seeing your friends today?（今日は友だちと会う予定なの？）

★：Yes, Mom. We're going to the tennis court.（うん、お母さん。テニスコートに行く予定だよ）

☆：I think it's closed today.（今日は閉まっていると思うわよ）

★：Yes, but there is a tennis tournament. We're going to watch it.（うん、でもテニスの試合があるんだ。ぼくたちはそれを見に行くんだよ）

◆Question

What is the boy going to do today?（少年は今日何をしますか）

　1　テニスをする。
　2　友人を訪ねる。
　3　宿題をする。
　4　テニスの試合を見る。

解説 We're going to watch it. と言っているので選択肢**4**が正解です。

3【解答】3

【読まれた英文と意味】

My mom and I love to go out together. Next Saturday, we're going to see a movie. The next day, we're going to go shopping to buy a birthday present for me.（母と私は一緒に出かけるのが大好きです。来週の土曜日は、映画を見に行く予定です。翌日は、私の誕生日プレゼントを買いに買い物へ行く予定です）

◆Question

What are they going to do on Sunday?（彼女たちは日曜日に何をする予定ですか）

　1　映画を見ます。
　2　クリスマスプレゼントの買い物に行きます。
　3　少女の誕生日プレゼントの買い物に行きます。
　4　お母さんの誕生日プレゼントの買い物に行きます。

解説 go shopping は「買い物に行く」という意味。映画を見るのは土曜日で、「翌日に私の誕生日の買い物に行く予定」と言っているので、選択肢**3**が正解です。

Unit 14　76～79ページ

旅行の話をしよう

P76 Listen and Repeat　家での会話を聞こう

【英文の意味】

(1) ①オーストラリアでの交換留学プログラムはどうだった？　②とてもよかったわ。休暇中、ブラー山に行ったのよ。山は雪で覆われていたから、スノーボードを楽しんだのよ。　③本当？　ああ、そこは冬なのね。

(2) ①友だちが撮ってくれた写真を見て。メルボルンにあるロイヤルボタニックガーデンに行ったのよ。この場所は美しい自然で満たされていたわ。　②わあ、

19

とても美しいわね！

(3) ①「子どもたちの庭」は小さい子どもたちに環境の大切さを教えるためにデザインされたのよ。私はそこの学校で、そのことについてレポートを書いたわ。　②役に立つ経験をしたのね。私たちは沢田家とキャンプに行ったのよ。

(4) ①バーベキューパーティーをして楽しく過ごしたわ。その後でそこをきれいにして、自分たちのゴミは家に持ち帰ってきたの。私たちはいなかをきれいに保たなければならないわ。　②本当にそうね。私たちは環境を守らなければならないわね。

P78 Practice 練習しよう

【解答例】

(1) I played tennis with my friends.

(2) I went to Kyoto with my mother.

【英文の意味】

(1)　友人：先週末、何をしたの？
　　あなた：私は友だちとテニスをしたよ。

(2)　友人：夏休みはどこへ行ったの？
　　あなた：私は母と京都へ行ったよ。

P78 Challenge! 筆記問題とリスニング問題をやってみよう

筆記問題

【解答】(1) 3　(2) 4　(3) 1

【英文の意味】

差出人：アリス　宛先：エミ
日時：2022年7月15日、9時15分
タイトル：夏の計画

こんにちは、エミ。元気ですか。私は来月、グランドキャニオンに行く計画を立てています。社会科のレポートを書かなければならないので、私はグランドキャニオンを選びました。それはアメリカの有名な国立公園です。私はそれについての本を読んでいるところです。インターネットで有名な写真家によって撮影された写真を何枚か見ました。雄大な景色と自然の美に感動しました。峡谷はコロラド川の侵食によってできました。峡谷の底にあるいくつかの岩は20億年も前のものです。そこを訪れることに興味があります。そして、あなたと一緒に行きたいのですが。8月初めはひまですか。
お元気で。アリスより

差出人：エミ　宛先：アリス
日時：2022年7月22日、18時30分
タイトル：ごめんなさい

こんにちは、アリス。すぐに返事を書かなくてごめんなさい。祖父母の家に行って1週間滞在しました。あなたの夏の計画はとてもいいですね。社会科のレポートのことを思い出させてくれてありがとう。あなたと一緒に行きたいのですが、私はオーストラリアに行く予定です。

それは交換留学のプログラムです。オーストラリアの庭にホームステイする予定です。
私のホストファミリーは私をグレートバリアリーフ海洋公園に連れて行ってくれると言っていました。珊瑚礁や大きな亀を見ることができるのですが、珊瑚礁やそのほかのたくさんの海洋生物が死にかかっているんです。はそれがなぜかを知りたいと思っています。オーストラリアへ行く前にグレートバリアリーフの問題について語で書かれた本を読む予定です。いくつかの問題を解することができたらレポートを書きます。グランドキャニオンへの旅に招待してくれてありがとう でも残念ながら一緒には行けません。
お元気で。エミより

(1) なぜアリスはグランドキャニオンに行くことをめましたか。

　1 美しい自然が好きだからです。
　2 アメリカの国立公園だからです。
　3 レポートを書かなければならないからです。
　4 それをテレビで見たからです。

(2) どのようにしてエミはグレートバリアリーフの題を調べる予定ですか。

　1 インターネットを使います。
　2 グランドキャニオンに行きます。
　3 ホストファミリーにたずねます。
　4 本を読みます。

(3) エミは何について書く予定ですか。

　1 グレートバリアリーフの問題。
　2 ホームステイプログラム。
　3 オーストラリアの文化。
　4 グランドキャニオン。

リスニング問題 🎧 52　☆=女性　★=男性

1 【解答】2

【読まれた英文と意味】

☆: Where did you go for winter vacation, Ken
（ケン、冬休みはどこに行ったの？）

★: I went skiing in Hokkaido.（スキーをしに北道に行ったよ）

☆: Wow, nice! How was it?（わあ、いいわね！うだった？）

★: 1 I'll go to the mountains.（山に行くつもりよ）

★: 2 The mountains were covered with snow（山が雪で覆われていたよ）

★: 3 It's snowing there.（そこは雪だよ）

解説 過去形で答えている2が正解です。

2 【解答】4

【読まれた英文と意味】

★: What did you do on the weekend?（週末は

をしていたの?)

☆: I cleaned up the park in my neighborhood. I help clean it up with my friends as a volunteer activity on Saturdays. (近所の公園を清掃したわ。毎週土曜日はボランティア活動で、友だちと清掃を手伝うのよ)

★: Really? That's wonderful. I read an adventure story written in Italian on Saturday. (本当? すごいな。ぼくは土曜日、イタリア語で書かれた冒険物語を読んだよ)

☆: Next week, let's clean up the park. (来週、公園の清掃をしましょう)

◆Question

What did the boy do on Saturday? (少年は土曜日に何をしましたか)

1 公園を清掃しました。
2 イタリア語で書かれた本を買いました。
3 冒険映画を見ました。
4 イタリア語で書かれた本を読みました。

解説 volunteer activityは「ボランティア活動」です。

③【解答】4

【読まれた英文と意味】

My favorite place is called Prince Edward Island. The island is in Canada. It's very beautiful, and it has beaches. A famous Canadian writer lived there. (私の好きな場所はプリンスエドワード島とよばれています。その島はカナダにあります。とても美しくて、浜辺もあります。有名なカナダの作家がそこに住んでいました)

◆Question

What did the girl talk about? (少女は何について話しましたか)

1 お気に入りの映画。
2 お気に入りの音楽。
3 お気に入りの本。
4 お気に入りの場所。

解説 My favorite place と最初に言っているので、トピックは彼女の好きな場所です。

Unit
5
80~83ページ

趣味について話そう

P80 Listen and Repeat 友だちとの会話を聞こう

【英文の意味】

(1) ①ジフン、君の趣味は何? ②ぼくの趣味は野球を見ることとポップミュージックを聞くことだよ。③いいね。ぼくも野球には興味があるんだよ!

(2) ①アメリカの野球場に行ったことはある? ②いいや、まだ行ったことがないんだ、でもぼくのお父

んは野球の大ファンだから、韓国ではぼくを何回も野球の試合に連れて行ってくれたよ。

(3) ①次の土曜日に野球の試合に行きたいんだ。メジャーリーグの試合だよ。一緒に来られる? ②いいよ。

(4) ①野球場へ行くバスがあるんだ。一緒に行こう。②いいね。友だちと野球場に行くのは楽しいよ。

P82 Practice 練習しよう

【解答例】

(1) Yes, I am. / No, I'm not.
(2) My hobbies are playing computer games and watching anime.
(3) Yes, I have. / Yes, I have been there twice. / No, I haven't.

【英文の意味】

(1) 友人:バードウオッチングに興味がある?
　　あなた:うん、あるよ。/いや、ないよ。
(2) 友人:趣味は何?
　　あなた:コンピューターゲームをすることと、アニメを見ることだよ。
(3) 友人:今まで北海道へ行ったことがある?
　　あなた:うん、あるよ。/うん、2回行ったことがあるよ。/いや、ないよ。

解説 (2) いろいろな答えが考えられます。taking photos (写真を撮ること)、making sweets (お菓子を作ること) など79ページを参考にしましょう。

P82 Challenge! 筆記問題とリスニング問題をやってみよう

筆記問題

■【解答】(1) 2　(2) 3　(3) 1

【英文の意味】

(1) A:朝6時に公園に来て一緒にジョギングできる?
　　B:ごめん、そんなに早く起きるのは私には難しいわ。
(2) A:私は京都に行く予定です。一緒に来たい?
　　B:いいね。京都のような古い都市に興味があるんだ。
(3) A:私はこのコンピューターゲームをするのが好き。
　　B:ぼくは1度したことがあるけれど、好きではなかったな。

解説 (2) am[is, are] interested in ～ (～に興味がある) はそのまま覚えましょう。

2【解答】(1) 4　(2) 3　(3) 3

【英文の意味】

(1) 男の子:ジェーン、君の趣味は何?
　　女の子:私の趣味は本を読むことと(　　)
　　1 病気になること。
　　2 早く学校に行くこと。

３ お父さんに早く帰るように言うこと。
４ 映画を見ること。

(2) 母：ジェームス、私たちは明日、町の水族館に行く予定よ。
息子：本当？ 待ちきれないよ。（　　）
１ そこにはよく行っているよ。
２ 散歩に行こうか。
３ そこには以前に一度も行ったことがないよ。
４ 魚釣りが好きだよ。

(3) 男性：ジェーン、日本の文化について学習するのは楽しい？
女性：ええ。（　　）
１ これまで一度も学んだことがないわ。
２ 退屈だわ。
３ とてもおもしろいの。
４ 運動選手になりたいの。

解説 (2) aquariumは「水族館」です。水族館に行くと聞いて少年は喜んでいるので、選択肢3が適当です。

リスニング問題 🎧 55　　☆＝女性　★＝男性

① 【解答】2
【読まれた英文と意味】

★：Have you ever been to the planetarium?（今までにプラネタリウムに行ったことがある？）

☆：No, I haven't. I really want to go there.（いいえ、ないわ。本当にそこに行きたいわ）

★：It was very crowded when I visited it on the weekend.（週末に訪れたときはすごく混んでいたよ）

☆：1 Let's go together, Mike.（マイク、一緒に行きましょう）

☆：2 Then I'll go on a weekday.（じゃあ平日に行くわ）

☆：3 I can't go because I have to do my homework.（宿題をしなくてはならないから行けないわ）

解説 「週末は混んでいた」という話を受けて「じゃあ平日にする」という答えの2が会話としては最も自然。

② 【解答】1
【読まれた英文と意味】

★：I'm going to watch a soccer game this weekend. Can you drive me to the stadium, Mom?（今週末サッカーの試合を見る予定なんだ。お母さん、スタジアムまで車で送ってくれる？）

☆：Sorry, Peter. I'll be out of town this weekend.（ごめんね、ピーター。今週末は家にいないのよ）

★：What shall I do? I can't walk to the stadium.（どうすればいい？ スタジアムまで歩けないよ）

☆：Take a bus. There is a bus to the stadiu（バスに乗りなさい。スタジアム行きのバスがある

◆**Question**

How will Peter get to the stadium?（ピーターはうやってスタジアムに行きますか）
１ バスで。
２ 車で。
３ タクシーで。
４ 歩きます。

解説 drive＋人＋to＋場所で「(人)を(場所)までに乗せて連れて行く」という意味。out of townは「の列にいる」＝「家にいない（だから家の用事はできい）」という言い方です。

③ 【解答】4
【読まれた英文と意味】

My dad and I are going to the beach th weekend. I've never been there before, so I' excited. Dad is going to relax on the beach, b I'm going to swim.（父とぼくは今週末、海岸へ行予定です。ぼくは以前に一度もそこへ行ったことがなのでわくわくしています。父は海岸でくつろぐつもりすが、ぼくは泳ぐつもりです）

◆**Question**

What is the boy's father going to do at th beach?（少年のお父さんは海岸で何をするつもりですか
１ 泳ぐでしょう。
２ 魚釣りをするでしょう。
３ 走るでしょう。
４ くつろぐでしょう。

解説 質問ではboy's fatherのことを聞いていて、択肢のHeはお父さんのことです。お父さんは「リラクスする」と言っているので、答えにrelaxが入ってる選択肢4を選びましょう。

Unit 16　86〜89ページ
家族の趣味について話そう

P86 Listen and Repeat カフェテリアでの会話を聞こう
【英文の意味】

(1) ①ユウスケ、昨日の夜、テレビでテニスの試合を見た？ ②うん。とてもわくわくした。ぼくもテニをしたいな。どこでテニスの仕方を習えるかな。

(2) ①テニスの仕方なら教えてあげられるよ。家の近くにテニスコートがあるんだ。そこでよくテニスするんだよ。 ②わあ、ありがとう、ジョン。君のお父さんもテニスをするの？ ③いいや、彼の趣味は魚釣りなんだ。1カ月に1回魚釣りに行くよ。

(3) ①ええと、ぼくのお父さんはゴルフをするのが本当に好きだから、月に2回ゴルフをするよ。 ②ほ

22

くのお母さんの趣味は料理さ。彼女はとても料理が上手だよ。

(4) ①いいね！ ぼくは野菜が好きではないから、ときどきお母さんの料理を残すんだ。 ②君がそうするとお母さんはなんて言うの？ ③「食べなさい、そうしないと怒るわよ」って言うんだ。

8 Practice 練習しよう

【解答】

(1) I always[usually, often, sometimes, never] eat breakfast.

(2) I always[usually, often, sometimes, never] take a shower in the morning.

(3) I always[usually, often, sometimes, never] study English at home.

(4) I always[usually, often, sometimes, never] clean my room on the weekend.

(5) My school always[usually, often, sometimes, never] closes on holidays.

【英文の意味】

(1) 私はいつも（たいてい、よく、ときどき、1回も）朝食をとります（とりません）。

(2) 私はいつも（たいてい、よく、ときどき、1回も）朝、シャワーをあびます（あびません）。

(3) 私はいつも（たいてい、よく、ときどき、1回も）家で英語を勉強します（しません）。

(4) 私はいつも（たいてい、よく、ときどき、まったく）週末に自分の部屋をそうじします（しません）。

(5) 学校はいつも（たいてい、よく、ときどき、1回も）休日は閉まっています（閉まっていません）。

38 Challenge! 筆記問題とリスニング問題をやってみよう

筆記問題

1 【解答】 (1) 2 (2) 3 (3) 4

【英文の意味】

(1) A：あなたは水泳が好きなんですよね。たいていどこで泳ぐのですか。
   B：家の近くに大きなプールがあります。いつもそこで泳ぎます。

(2) かぜをひいていたので、昨日の夜はまったく勉強ができませんでした。今日の歴史のテストの点は悪いでしょう。

(3) お医者さんは私にこの薬を1日に2回飲むように言いました。

解説 (2) soの後ろには「だからこうなりました」という結果が述べられます。not 〜 at allは「まったく〜ない」という意味です。told (tell) ＋人＋to 〜「人に〜するように言った（言う）」の形です。

2 【解答】 (1) 4 (2) 1 (3) 3

【英文の意味】

(1) 母：マイケル、まだ寝ているの？ さあ、起きなさい、（　）
   息子：昨日の夜はよく寝られなかったんだ。眠いよ、お母さん。
   1 そうしないと食事するのに十分な時間があるわよ。
   2 そうしないとあなたに朝ごはんを作るわよ。
   3 そうしないとすぐに駅に着けるわよ。
   4 そうしないと学校に遅れるわよ。

(2) 父：サラ、お父さんの時計がどこにあるか知っているかい。見つからないんだ。
   娘：お父さんはたくさんの時計を持っているわよね、でも（　）
   1 ベッドの上に銀色の時計があったわ。
   2 私の時計は青よ。
   3 私の財布を借りることができるわよ。
   4 その時計は高いわ。

(3) 男性：その部屋には十分ないすがありましたか。
   女性：（　）
   1 いすは大きいです。
   2 それは大きいです。
   3 いいえ、ありませんでした。
   4 はい、私はいすを持っています。

解説 (2) 選択肢3のwalletは「財布（札入れ）」です。

リスニング問題 🎧 58 ☆＝女性 ★＝男性

1 【解答】 2

【読まれた英文と意味】

☆：Hi, Chris. Can you teach my little brother how to play soccer this weekend? （こんにちは、クリス。今週末、私の弟にサッカーを教えてくれる？）

★：Sorry. I have a soccer game this weekend. How about tomorrow? （ごめん。今週末はサッカーの試合があるんだ。明日はどう？）

☆：Thank you. We'll be waiting for you at the school yard after school tomorrow. （ありがとう。明日の放課後、校庭で待っているわね）

★：1 No, I don't have a soccer game. （いいや、サッカーの試合はないよ）

★：2 OK. I'll see you there. （いいよ。そこで会おう）

★：3 You're good at playing soccer, aren't you? （君はサッカーが上手だよね）

解説 teach＋人＋how to 〜で「(人)に〜の仕方を教える」という意味です。

2 【解答】 1

【読まれた英文と意味】

☆: It's cold outside. Put on your jacket. (外は寒いわ。上着を着なさい)

★: I'm not cold. (寒くないよ)

☆: Put it on, or you'll catch a cold. (着なさい、そうしないとかぜをひくわよ)

★: No, it's not cool. I don't like the color of it. (いやだよ、かっこよくないよ。その上着の色、好きじゃないんだ)

◆Question

What does the woman want her son to do? (女性は息子にどうしてほしいのですか)

1 彼女は息子に上着を着てほしいです。
2 彼女は息子に上着を脱いでほしいです。
3 彼女は息子に外に出てほしいです。
4 彼女は息子にかぜをひいてほしいです。

解説 want＋人＋to ～「(人) に～してほしい」の形です。coolは「かっこいい」という意味です。

3 【解答】2

【読まれた英文と意味】

My uncle likes fishing very much. He goes fishing in Okinawa twice a year. I've never been there, so this summer, I want to go there with him. (ぼくの叔父さんは魚釣りがとても好きです。彼は1年に2回沖縄へ魚釣りに行きます。ぼくは沖縄に行ったことがないので、この夏、彼とそこへ行きたいです)

◆Question

How often does the boy's uncle go to Okinawa? (少年の叔父さんはどのくらいの回数沖縄に行きますか)

1 1年に1回。
2 1年に2回。
3 1カ月に1回。
4 ひまなときにそこへ行く。

解説 選択肢4も正しいと思えるかもしれませんが、英文の中でそうは言っていませんので想像で選ばないようにしましょう。

Unit 17 90～93ページ

長文を読んでみよう (2)

P90 Let's Read! お話を読んでみよう

【英文の意味】

トンネルの終わりには明かりが見える

何年も前のことですが、小さな村にジャクソンという名前の少年が住んでいました。彼はお母さんと弟と一緒に住んでいました。彼の家は山のそばで学校から5キロほど離れていました。ある日、彼の自転車が壊れました。彼は新しい自転車がほしかったのですが、お母さんにそれを言うことはできませんでした。お母さんはお金

を稼ぐために一生懸命働いていましたが、それでも暮らしはとても大変でした。

ジャクソンは自転車に乗る代わりに歩いて学校に行くことに決めました。長い道のりだったので歩いて1時間以上かかりました。最初の数週間、彼はとても疲れました。家に帰るとすぐに、食事もせずに寝てしまいました。

数週間後、彼は長い道を歩くのに慣れました。彼はこの長い道のりを短くしたいと思いました。彼はできるだけ速く歩き始めました。それからジョギングを始めました。その後、彼は走り始めました。彼はだんだん速く走れるようになりました。ついに、彼は30分ほどで学校に着けるようになりました。やがて彼は学校までの道を走ることを楽しむようになりました。

ある日、とある企業で働いていて、企業のランニングクラブのコーチでもある男性がジャクソンが走っているところを見ました。彼はジャクソンの走る速さに驚きました。彼はジャクソンに彼の会社に来ないかと誘いました。彼はもっととても勉強したかったのですが、お母さんは自分と弟のために一生懸命働いていたので、お母さんを助けたいとも思いました。ジャクソンはその会社で働く決心をしました。日中働く一方、仕事が終わってから、週末、そして祝日もコーチの指導のもと走る練習をしました。彼はたくさんのリレーを走り、マラソンにも出ました。数年後、彼は世界で最も有名なマラソンを走るランナーに選ばれました。

ジャクソンが表彰台でメダルにキスをしました。彼は笑っていました。彼のお母さんはテレビを見ながらうれしくて泣いていました。

解説 タイトルはことわざで、つらいことがあってもいつか必ず希望が見えるという意味です。

P92 Practice 練習しよう

【解答例】

(1) As soon as I came back home, I ate dinner.
(2) My house is close to the station.
(3) Instead of playing, I decided to study English.

【英文の意味】

(1) 帰宅するとすぐに夕ごはんを食べました。
(2) 私の家は駅に近いです。
(3) 遊ぶ代わりに英語を勉強することに決めました。

P92 Challenge! 筆記問題をやってみよう

筆記問題

【解答】(1) 3　(2) 4　(3) 2　(4) 1　(5)

【英文の意味】

グランド・セントラル・ターミナル

あなたはニューヨークで一番大きい鉄道の駅を知っていますか。それはグランド・セントラル・ターミナ

駅、略してGCTです。それは3つの理由ですばらしい場所なのです。

1つめは、GCTの建物が大変古いことです。それは1871年に建てられました。ドームのような形をしていて、とても豪華です。例えば入り口には旅行者を守ると言われた古代の神様、マーキュリーを見ることができます。建物の中には大きなホールがあります。ホールの青い天井には美しい星が描かれています。それは国定歴史建造物です。ニューヨークの人々はその建物をとても誇りに思っています。

2つめに、それはとてもにぎやかな駅なのです。実際、44のプラットフォームと毎日約75万人の乗降客と訪問客で、世界で最も活気ある駅のひとつなのです。そこは列車のターミナル（終着駅）なので、すべての列車はそこから出発してそこが終点です。つまりたいていの人々がGCTで列車を降りたり、列車に乗ったりするのです。GCTは850万の人々にとっての街の広場だと言われています。

3つめに、GCTはニューヨークで最も有名な観光地のひとつです。毎日たくさんの人々が単に観光、買い物、食事のためにGCTにやって来ます。ターミナルのレストランでは毎日何千もの食事がお客に出されています。もしGCTについてすべてを知りたければ、建物を案内するツアーに参加してください。

GCTは建物そのものがすばらしいのと、たくさんの人が毎日使ったり訪問したりしていて、そんなことから観光地として有名なのです。ニューヨークでたった1カ所だけ訪問する場所を選ばなければならないなら、どうぞGCTを選んでください。一日中そこにいてもあなたは決してあきることはないでしょう。

(1) GCTとは何ですか。
  1 公園。
  2 劇場。
  3 鉄道の駅。
  4 バスステーション。

(2) GCTの建物の中の天井に何が見えますか。
  1 雲。
  2 列車。
  3 太陽。
  4 星。

(3) 毎日どのくらいの乗客と訪問客がGCTに着いたり、GCTを出発したりしますか。
  1 約850万人。
  2 約75万人。
  3 約100万人。
  4 約85万人。

(4) 列車のターミナルでたいていの人々は何をしますか。
  1 列車を降りたり、列車に乗ったりします。
  2 歴史について学びます。

  3 観光します。
  4 映画を見ます。

(5) もしあなたが訪問者でGCTについて知りたいと思ったら一番いい方法は何ですか。
  1 一番いい方法はそこのレストランで食事をとることです。
  2 一番いい方法はホールの中心に立つことです。
  3 一番いい方法はほかの人々と話すことです。
  4 一番いい方法は建物のツアーに参加することです。

解説 GCTは Grand Central Terminal（グランドセントラルターミナル）の頭文字3つをとったものです。terminal とは「終着駅」のこと。

94～95ページ　　まとめて身につけよう（3）
長い文章を読むときのコツ

1 【解答例と意味】
(1) She won the Nobel Peace Prize. （彼女はノーベル平和賞を受賞しました）
(2) She was born in 1997. （彼女は1997年に生まれました）
(3) To protect the rights of girls. （少女の権利を守るためです）
(4) On a school bus. （スクールバスで）
(5) ①

【英文の意味】
(1) 2014年10月10日にマララに何が起きましたか。
(2) 彼女はいつ生まれましたか。
(3) なぜ彼女はスピーチをしましたか。
(4) どこで彼女は攻撃されましたか。
(5) この話は何についてのものですか。
  ① 重傷を負ったが夢をあきらめなかった少女。
  ② 学びたくて子どもたちのための学校をつくった少女。
  ③ インドで育ち、ノーベル平和賞を受賞した少女。

Unit 18　96～99ページ
買い物に行こう（1）

P96 Listen and Repeat　お店での会話を聞こう
【英文の意味】
(1) ①お父さん、私はユウスケとマユと買い物に行く予定よ。車を使ってもいい？　②いいよ。気をつけて運転してね。
(2) ①何を買いたいの？　②かっこいいTシャツを買いたいんだ。マユは？　③バッグを買いたいわ。
(3) ①いらっしゃいませ。　②黒のTシャツを探しています。ああ、これがいいです。試着していいです

か。　③もちろんです。試着室はあちらです。

(4) ①ぼくが着るには大きすぎます。もっと小さいものはありますか。　②すみません。それが最後の黒の品ですが、白ならあります。　③わかりました。それを着てみます。

P98 Practice　練習しよう

【解答例】

(1) I'm <u>looking for sneakers</u>.

(2) Can I <u>try them on</u>?

(3) This T-shirt is <u>too small for me to wear</u>.

解説　(2) **スニーカ**の場合は右足と左足で1足なのでthemを使います。

P98 Challenge!　筆記問題とリスニング問題をやってみよう

筆記問題

1【解答】(1) 4　(2) 2　(3) 3

【英文の意味】

(1) A：すてきな腕時計だね。お父さんの誕生日に買いたいね。

B：そうね、でも250ドルよ。高すぎて、私たちには買えないわ。

(2) A：いらっしゃいませ。

B：仕事用のコンピューターを探しています。

(3) この黒いセーターはどうですか。

解説　(1) too ... to ～は「…すぎて～できない」の意味なので、「高すぎる」となる選択肢4が正解です。

2【解答】(1) 3　(2) 1　(3) 1

【英文の意味】

(1) 客：このブラウスが気に入りました。(　)

店員：もちろん。あちらの試着室を使ってください。

1 サイズはどうですか。

2 どんな色がありますか。

3 試着してもいいですか。

4 いくらですか。

(2) 女性：ロンドンに旅行に行く予定なの。(　)

男性：もちろん。君に貸してあげるよ。

1 あなたのスーツケースを使ってもいい?

2 いらっしゃいませ。

3 手伝ってくれる?

4 電話をかけなおしてもいい?

(3) 店員：こちらのスニーカーを気に入りましたか。

客：はい。色は好きなのですが、(　)

1 私には大きすぎます。

2 もっと一生懸命勉強しなければなりません。

3 とても危険です。

4 最善をつくす必要があります。

解説　(2) take a trip to ～で「～へ旅行に行く」という意味です。

リスニング問題 🎧 64　　　☆=女性　★=男性

1【解答】1

【読まれた英文と意味】

☆：Excuse me. (すみません)

★：Yes, how can I help you? (はい、いらっしゃ…ませ)

☆：I'm looking for a jacket. (ジャケットを探して…ます)

★：1 We have many over there. (あちらにたく…んあります)

★：2 It's $200. (200ドルです)

★：3 Please use the fitting room. (試着室を使…てください)

解説　「ジャケットを探している」と言ってきた客に…する最も適切な返答は選択肢1です。

2【解答】2

【読まれた英文と意味】

★：May I help you? (いらっしゃいませ)

☆：I'd like to get a dress for my birthday par…I like this design, but I want a pink one. (…の誕生日パーティーに着るドレスがほしいので…このデザインは好きですが、ピンクがほしいで…)

★：I'm sorry. They're sold out. We only ha…blue. (申し訳ありません。売り切れです。青し…ありません)

☆：OK. Well, I'll look in another store. (わかり…した。では、ほかのお店で見ます)

◆Question

Why will the woman go to another store? (な…女性はほかの店に行くのですか)

1 彼女はそのデザインが好きではありません。

2 彼女は青のドレスはほしくありません。

3 彼女は違ったデザインのものがほしいです。

4 彼女はもっと安いドレスがほしいです。

解説　I want a pink one. とはっきり言っているので…選択肢2が正解です。

3【解答】3

【読まれた英文と意味】

Next Sunday is Kate's mother's birthday. Ka…went shopping for a present. She found a nic…necklace, but it was too expensive to buy, s…she'll cook a special dinner for her birthda…instead. (今度の日曜日はケイトのお母さんの誕生…です。ケイトはプレゼントを買いに行きました。すて…なネックレスを見つけましたが、高すぎて買えなかっ…ので、代わりに彼女はお母さんの誕生日に特別な夕ご…んを作ります)

◆Question

What was Kate's problem? (ケイトの問題は何で…

たか）

1 ネックレスが売り切れていました。

2 ケイトは買い物に行くことができませんでした。

3 ネックレスが高すぎました。

4 ケイトは料理ができません。

解説 it was too expensive to buyと言っているので、選択肢3が正解です。

100～103ページ

3 買い物に行こう（2）

01 Listen and Repeat　お店での会話を聞こう

【英文の意味】

(1) ①このピンクのバッグが気に入ったわ。すみません。これはいくらですか。　②50ドルです。最新のデザインですよ。　③わかりました、でもとても高いですね。安くしてくれませんか。

(2) ①すみません、できません。でもあちらで夏のセールをやっていますよ。　②あの黄色のバッグはこのピンクのよりも安いよ。　③一番安いのはたったの10ドルだよ。

(3) ①私はこのピンクのバッグを持ってパーティーに行きたいの。　②わかったわ。今いくら持っているの？　③20ドル持っているわ。

(4) ①あなたの誕生日は2週間後ね。誕生日プレゼントとして買ってあげるわ。　②ありがとう、ソフィア、でも私、買うために貯金するわ。

02 Practice　練習しよう

【解答例】

(1) My mother is younger than my father.

(2) My father is the tallest in my family.

(3) I'm the fastest runner in my family.

【英文の意味】

(1) 母は父より若い。

(2) 父は家族の中で一番背が高い。

(3) 私は家族の中で一番走るのが速い。

02 Challenge!　筆記問題とリスニング問題をやってみよう

筆記問題

【解答】(1) 3　　(2) 4

【英文の意味】

ショートビーチ小学校5年生による劇

ショートビーチ小学校の5年生の生徒は、リチャード・ブラウンの最新のストーリーに基づいた劇、「マックス」を演じます。見に来て楽しい時をお過ごしください。

日時：6月29日、30日

場所：ショートビーチ小学校講堂

時間：午前の部　午前9時から11時

午後の部　午後2時から4時

入場料：無料

劇を見たいならば、学校のウェブサイトで予約する必要があります。10歳以下のお子さんは大人と来なければなりません。すぐに予約をしてください！

学校のウェブサイト: www.shortbeachx.com

質問があれば0120-321-456xに電話をください。

(1) 劇を見たいなら、何をするべきですか。

　　1 ショートビーチ小学校にすぐに電話をかける。

　　2 ショートビーチ小学校にすぐにファクスする。

　　3 学校のウェブサイトですぐに予約する。

　　4 ショートビーチ小学校をすぐに訪れる。

(2) 10歳以下の子どもたちは

　　1 友だちと一緒に来ることができる。

　　2 両親や祖父母と一緒に来ることはできない。

　　3 弟か妹と一緒に来ることができる。

　　4 大人と一緒に来ることができる。

リスニング問題 🎧 67　☆＝女性　★＝男性

1 【解答】3

【読まれた英文と意味】

★ : You went shopping yesterday, didn't you?（昨日買い物に行ったんだよね？）

☆ : No, I didn't.（いいえ、行かなかったわ）

★ : Why not? There was a big summer sale at the shopping mall.（どうして？　ショッピングモールで夏の大セールをやっていたんだよ）

☆ : 1 Because it was sunny.（晴れていたからよ）

☆ : 2 I'll go there to buy a nice bag.（すてきなバッグを買うためにそこへ行くわ）

☆ : 3 I'm saving my money to buy a dress in the fall.（秋にドレスを買うためにお金をためているの）

解説 Becauseで始まっている選択肢1を選びたくなりますが、夏のセールに行かない理由として最も適切なのは3です。

2 【解答】3

【読まれた英文と意味】

★ : Look at my sneakers, Julia. These are the newest design.（ぼくのスニーカーを見て、ジュリア。最新のデザインだよ）

☆ : Wow, they're cool. Where did you get them?（わあ、かっこいいわね。どこで買ったの？）

★ : My father gave me them for my birthday.（お父さんがぼくの誕生日にくれたんだよ）

☆ : Oh, happy birthday, George.（あら、お誕生日おめでとう、ジョージ）

◆Question

Who gave George the sneakers?（だれがジョージ

にスニーカーをあげたのですか)

1 ジュリアのお父さん。

2 ジュリア。

3 ジョージのお父さん。

4 ジョージのお母さん。

解説 My father gave me themと言っているので選択肢3が正解です。

3 【解答】4

【読まれた英文と意味】

Attention, shoppers. Some daily foods, such as meat, fish and milk, are on sale. Please come to the area near the cashiers. Eggs, especially, are cheaper here than in any other supermarket. If you buy two cartons of eggs, you can get one more for free. (ご来店のお客様に申し上げます。肉、魚、牛乳などの食料品のセールを行っています。レジ近くにお越しください。特にここでの卵はほかのどのスーパーよりも安いです。2パックの卵をお買い上げいただくと、1パック無料でさしあげます)

◆Question

What food is cheaper there than in any other supermarket? (ほかのスーパーよりもそこで安い食品は何ですか)

1 肉。

2 牛乳。

3 魚。

4 卵。

解説 Eggs are cheaper here than ...と言っているので、正解は選択肢4です。

Unit 20 104～107ページ

スポーツについて話そう（1）

P104 Listen and Repeat 家での会話を聞こう

【英文の意味】

(1) ①ユウスケが先週、サッカーをしていてけがしたのを聞いた？ ②本当？ どうしたの？ ③ボールをけったときに倒れて、足を折ったのよ。

(2) ①それはお気の毒に。彼は今、入院しているの？ ②いいえ。入院していたけれども、今は家にいるわ。今週末にお見舞いに行きましょうか。 ③そうだね。

(3) ユウスケの家
①こんにちは、ユウスケ、具合はどう？ ②あまりよくありません。ぼくはサッカーチームに入っています。次の日曜日にサッカーの試合があるんです。

(4) ①今度の試合のためにサッカーの練習をしていたのに、今はプレーできません。とても残念です。 ②わかるよ、私は君が一生懸命練習をしているのを見たからね。

P106 Practice 練習しよう

【解答】

(1) <u>What</u> happened? (どうしたの？)

(2) I caught a <u>cold</u>.

(3) That's too <u>bad</u>. Get well soon.

(4) I <u>see</u> my father <u>reading</u> a newspaper eve[ry] morning.

P106 Challenge! 筆記問題とリスニング問題をやってみよ[う]

筆記問題

1 【解答】(1) 2　　(2) 3　　(3) 4

【英文の意味】

(1) サムは熱があったので、学校に来ませんでした。

(2) 私の体育の先生が校庭を走っているのを見ました。

(3) 私が旅行に行っている間、犬の世話をしてくれ[ま]せんか。

解説 (2) 人＋-ingで「～している人」です。(3) W[ill] you ～? は「～してくれませんか」、whileは「～の間[]の意味です。

2 【解答】(1) 2　　(2) 4　　(3) 2

【英文の意味】

(1) 女性：これからお医者さんのところに行くの。[か]ぜをひいているの。
男性：それはお気の毒に。(　　)

1 それはよくない。

2 早くよくなって。

3 お母さんに似ているよ。

4 角まで行きなさい。

(2) 父：顔色が悪いね。(　　)
娘：頭が痛いの。

1 お天気はどう？

2 彼はどこへ行ったの？

3 なぜ彼は怒っていたの？

4 どうしたの？

(3) 男の子：シンディー、(　　)
女の子：うん。あれはラリー・ムーンさんよ。

1 これはだれのバッグ？

2 木の下に立っている背の高い男性を知っている[の]

3 君のお父さんは何をしているの？

4 君の好きな俳優はだれ？

解説 (1) (2) いずれも答えの英文は決まり文句です[。]

(3) the tall man standing under the treeで「木[の]下に立っている背の高い男性」の意味です。

 リスニング問題 🎧70　　☆＝女性　★＝男性

1 【解答】2

【読まれた英文と意味】

★：What happened, Sally? (サリー、どうしたの？[)]

☆：I hurt my arm. (腕をけがしたの)

★：When did it happen?（いつけがしたの？）

☆：1　In the gym.（体育館で）

☆：2　After school.（放課後に）

☆：3　I was running.（走っていました）

解説　「いつ」とたずねているので、選択肢2「放課後」が適切です。

2【解答】3

【読まれた英文と意味】

☆：Hello.（こんにちは）

★：Hi, Jennie, it's Chris. You missed basketball practice yesterday.（やあ、ジェニー、クリスだよ。昨日のバスケットボールの練習に来ていなかったね）

☆：I was sick in bed.（病気で寝ていたの）

★：That's too bad. Are you coming today?（お気の毒に。今日は来られるの？）

☆：Sorry, I have to go to see a doctor.（ごめんなさい、お医者さんにみてもらうの）

◆Question

Why didn't Jennie go to basketball practice yesterday?（なぜ、ジェニーは昨日バスケットボールの練習に行かなかったのですか）

1　医者にみてもらっていました。

2　病院にいました。

3　病気で寝ていました。

4　図書館に行きました。

解説　I was sick in bed. と言っているので選択肢3が正解です。

3【解答】3

【読まれた英文と意味】

Susie didn't feel well in school and wanted to go home soon. Her teacher called her mother. Susie's mother came to school and took Susie home.（スージーは学校で具合が悪かったので、家にすぐに帰りたいと思っていました。先生は彼女のお母さんに電話をしました。スージーのお母さんは学校に来て、彼女を家に連れて帰りました）

◆Question

What did Susie's mother do?（スージーのお母さんは何をしましたか）

1　学校に電話しました。

2　スージーを病院へ連れて行きました。

3　スージーを家に連れて帰りました。

4　スージーに薬をあげました。

解説　Susie's mother ... took Susie home. と言っているので、選択肢3が正解です。

Unit **21**　110〜113ページ

スポーツについて話そう（2）

P110　Listen and Repeat　教室での会話を聞こう

【英文の意味】

(1)　①私のお兄さんは野球よりサッカーが好きなの。あなたは何のスポーツが一番好き？　②ぼくは水泳が一番好きだよ。　③なぜ？　④ルールが簡単だからね。

(2)　①私はバスケットボールが一番好きよ。一番興奮するスポーツだわ。　②バスケットボールチームに入っているの？　③ええ。毎週土曜日の午後、練習しているのよ。

(3)　①バスケットボールのコーチはだれなの？　②私のお父さんよ。彼は私が知る限り一番上手なバスケットボールの選手よ。ゴルフもするのよ。　③たぶんぼくのお父さんは君のお父さんよりゴルフはうまいよ。なぜなら、プロのゴルフの選手だったんだ。

(4)　①彼は主要なゴルフの大会で一度も優勝しなかったのであきらめたんだ。でも彼はいつもぼくにこう言うよ。「最善を尽くすことは勝利より大切なんだ」って。　②本当にそうね。

P112　Practice　練習しよう

【解答例】

(1)　What animals do you like best?
I like dogs/cats/birds/horses/ best.（私は犬／猫／鳥／馬が一番好きです）

(2)　Who is your English teacher?
Mr./Ms. Nagasawa is.（ナガサワ先生です）

(3)　Which subject is more difficult, math or science?
Math is more difficult than science. / Science is more difficult than math.（数学は理科よりも難しいです／理科は数学よりも難しいです）

P112　Challenge!　筆記問題とリスニング問題をやってみよう

筆記問題

1【解答】(1) 3　　(2) 4　　(3) 2

【英文の意味】

(1)　A：ジェーン、歴史と理科、どちらの科目が好きですか。
B：理科が好きです。理科は歴史より興味深いです。

(2)　A：あなたの学校で一番人気のある先生はだれですか。
B：クーパー先生です。

(3)　カズは日本で最も有名なサッカー選手です。

解説　(1) interestingは「おもしろい、興味深い」という意味です。

29

2 【解答】(1) 2 (2) 4 (3) 3
【英文の意味】
(1) 娘：この数学の問題はあの問題より難しいわ。
　　父：（　　）手伝ってあげるよ。
　　1 練習してもいいよ。
　　2 あきらめてはいけないよ。
　　3 あなたは勝てないよ。
　　4 今、仕事をしているよ。
(2) 息子：お父さん、ぼく明日のテストの準備をしていないんだ。
　　父：心配するな。（　　）
　　1 私はそれをうまくできないよ。
　　2 あなたは勉強しないだろう。
　　3 あなたの番だよ。
　　4 最善を尽くすんだ。
(3) 女の子1：あのピンクのドレスは好き？
　　女の子2：いいえ。（　　）
　　1 別のドレスを見せてあげるわ。
　　2 どこへ行けばいいのかわからないわ。
　　3 あれよりもこの青いドレスの方が好きよ。
　　4 気分が良くないわ。
解説 (2) am[is, are] ready for ～で「～の準備をする」という意味。選択肢2のIt's your turn.は「あなたの番です」という意味です。

🔊 **リスニング問題** 🎧73　☆＝女性　★＝男性

1 【解答】1
【読まれた英文と意味】
★：Which do you like better, dogs or cats?（犬と猫、どっちが好き？）
☆：I like dogs better.（私は犬が好き）
★：Why?（なぜ？）
☆：1 They're friendlier.（より親しみやすいからよ）
☆：2 Thank you very much.（どうもありがとう）
☆：3 Because I'm happy.（私は幸せだから）
解説 選択肢3はBecauseがついていますが、犬が好きな理由になっていないので1が正解です。friendlierは、friendly（親しみがある）が変化した形です。

2 【解答】1
【読まれた英文と意味】
☆：Hi, Kei. What sport do you like best?（こんにちは、ケイ。何のスポーツが一番好き？）
★：I like tennis best. How about you, Jane?（ぼくはテニスが好きだよ。ジェーン、君はどう？）
☆：I like swimming.（私は水泳が好きよ）
★：Really? My father was the best swimmer at the Junior Swimming Championship.（本当？ぼくのお父さんはジュニア水泳大会で一番の選手だったんだよ）

◆**Question**
Who likes tennis?（テニスが好きなのはだれですか）
1 ケイ。
2 ジェーン。
3 ケイのお父さん。
4 ジェーンのお父さん。
解説 ケイがI like tennis best.と言っているので選択肢1が正解です。

3 【解答】4
【読まれた英文と意味】
At school, David likes science best. His science project was to recycle paper. He made paper from a milk carton. He won the first prize in the science project contest.（学校でデビッドは科学が一番好きです。彼の科学のプロジェクトは紙をリサイクルすることでした。彼は牛乳パックから紙を作りました。彼は科学プロジェクトのコンテストで優勝しました）
◆**Question**
What did David make?（デビッドは何を作りましたか）
1 彼は牛乳を作りました。
2 彼は牛乳パックを作りました。
3 彼はジュースを作りました。
4 彼は紙を作りました。
解説 He made paper ...と言っているので、選択肢4が正解です。

Unit 22 114〜117ページ
休暇の予定を立てよう

P114 Listen and Repeat 家での会話を聞こう
【英文の意味】
(1) ①もうすぐ冬休みだね。ぼくたちはクリスマス前にニューヨークに行く予定だよ。冬休みはひまかな。②すばらしいわね！ 私たちは冬にどこかへ行くことを計画しているところなの。③いいね。では一緒に行かないか。ソフィアとダニエルもきっと喜ぶよ。
(2) ①ユウスケ、マユ、聞いて。大ニュースがあるの。今年のクリスマスはニューヨークで過ごす予定よ。ベンソン一家と一緒にね！ ②すごい！ ③やった！
(3) ①タイムズスクエアには大きくて美しいクリスマスツリーがあるでしょうね。美しい夜景を見るの大好きだわ。②そうだね。クリスマスにはあちこちでたくさんのきれいなライトがあるよ。
(4) ①12月24日はニューヨークに大雪が降るでしょう。運転には気をつけてください。②ニューヨークはひどい天気になるのか。ああ！ かぜをひきそうな気分だ！

30

6 Practice 練習しよう

【解答例】

(1) Are you <u>free</u> this weekend?

(2) I love <u>reading books</u>.（私は本を読むのが大好きです）

(3) I feel like <u>writing letters</u> to my friends.（私は友だちに手紙を書きたい気分です）

6 Challenge! 筆記問題とリスニング問題をやってみよう

筆記問題

1【解答】 (1) **3**　(2) **2**　(3) **1**

【英文の意味】

(1) A：今週末、ひまですか。
　　B：はい。何も予定がありません。

(2) A：お母さん、あまり食べる気がしないんだ。おなかが痛いよ。
　　B：薬を飲んで寝なさい。

(3) A：かぜをひいていると思うんだ。
　　B：お体を大事にしてくださいね。

解説 (2) don't feel like eatingで「食べる気がしない」、have a stomachacheは「おなかが痛い」の意味です。

2【解答】 (1) **3**　(2) **2**　(3) **4**

【英文の意味】

(1) 女性：ジャック、夏休みの間にハワイで（　　）。
　　男性：サーフィンとスキューバダイビングをする予定です。
　　1 天気はどうですか
　　2 買い物に行くのですか
　　3 何か計画していますか
　　4 どこに行ったのですか

(2) 息子：お母さん、明日は遠足へ行く予定だよ。
　　　　　（　　）
　　母：明日は晴れて、暖かいわよ。
　　1 何回行くの？
　　2 天気はどう？
　　3 どれくらい長い？
　　4 本を何冊持っている？

(3) 男性：夏休みの計画は何ですか。
　　女性：（　　）。あなたはどうですか。
　　1 父は札幌に行く予定です
　　2 計画をあきらめないで
　　3 昨年の夏、ロンドンを訪れました
　　4 ロサンゼルスに行くことを計画しています

解説 (2) school tripで「遠足」の意味です。遠足に行くので、明日の天気を聞いています。

リスニング問題 🎧 76　☆＝女性　★＝男性

1【解答】2

【読まれた英文と意味】

★：Did you hear the weather report for Hokkaido?（北海道の天気予報を聞きましたか）

☆：Yes, I did.（はい、聞きました）

★：How will it be tomorrow?（明日はどうでしょうか）

☆：1 It was hot and sunny.（暑くて晴れていました）

☆：2 There will be a lot of snow.（たくさんの雪が降るでしょうね）

☆：3 There are many people.（たくさんの人々がいます）

解説 明日の北海道の天気を聞いているので選択肢2が正解。1はwasが使われているので過去の話です。

2【解答】4

【読まれた英文と意味】

★：Hi, Melanie, how was your Christmas vacation?（やあ、メラニー、クリスマス休暇はどうだった？）

☆：Hi, Greg. I went to New York. I saw a big Christmas tree.（こんにちは、グレッグ。ニューヨークへ行ったのよ。大きなクリスマスツリーを見たの）

★：Great. I want to visit there next year at Christmas.（いいね。ぼくも来年のクリスマスにそこへ行きたいな）

☆：There will be a lot of beautiful Christmas decorations and lights.（美しいクリスマスの飾りとライトがたくさんあるでしょう）

◆**Question**

What did Melanie see in New York?（メラニーはニューヨークで何を見ましたか）

1 たくさんのロウソク。
2 たくさんの星。
3 たくさんのプレゼント。
4 大きなクリスマスツリー。

解説 メラニーはI saw a big Christmas tree.と言っているので、選択肢4が正解です。

3【解答】4

【読まれた英文と意味】

A big typhoon is coming to Tokyo early tomorrow morning. Please be careful of the heavy rain and strong winds. Tomorrow afternoon it will pass over Tokyo. Then it will be clear in the evening.（大型台風が明日の朝早く、東京にやってきます。大雨と暴風にご注意ください。明日の午後は台風が東京を通過します。夕方は晴れるでしょう）

◆**Question**

How will the weather be in Tokyo tomorrow evening?（明日の夕方の東京の天気はどうですか）

1 雨が強く降るでしょう。

2 ひどいでしょう。

3 くもりでしょう。

4 晴れるでしょう。

解説 it will be clear in the evening. と言っている
ので、夕方は晴れになります。

119ページ ライティング問題に挑戦しよう（5）

自分で書いてみよう

【英文の意味と解答例】

(1) パーティーは何時に始まりましたか。

尋ねられていること：（パーティーの開始時間）

解答例：The party started at (ten) o'clock. (パー
ティーは10時に始まりました)

(2) あなたはどこに行きましたか。

尋ねられていること：（行った場所）

解答例：I went to (the library). (私は図書館に
行きました)

(4) 天気はどうでしたか。

尋ねられていること：（天気）

解答例：It was (cloudy and cool). (くもりで、
すずしかったです)

(3) あなたが家にいたのはなぜですか。

尋ねられていること：（家にいた理由）

解答例：I stayed home because (I was sick).
(体調が悪かったので家にいました)

124ページ Let's Try!

学んだ表現を使って自分のことを書いてみよう

【英文の意味】

私のポートレート

私の名前はマユです。私はモニカ小学校の5年生です。
私は10歳です。

私について

私の好きな科目は英語です。私は英語を3年間勉強して
います。私はバスケットボールとサッカーをするのが好
きです。私はピアノをひくのが得意です。

私の将来

私は将来、ツアーガイドになって、世界中を旅したいです。

予想問題

① 【解答】 (1) 4　(2) 2　(3) 3　(4) 2　(5) 3
(6) 1　(7) 1　(8) 4　(9) 3　(10) 2　(11) 3
(12) 4　(13) 2　(14) 4　(15) 3

【英文の意味】

(1) A：その雑誌にいくら払ったのですか。
　　B：約500円です。

(2) A：来週ハワイに行く予定です。あなたのカメラを借りることはできますか。
　　B：もちろん。はい、どうぞ。

(3) A：山にはたくさんのゴミがあります。
　　B：はい、とても汚いです。たくさんのペットボトル、ビニール袋、生ゴミがあります。

(4) A：台所と浴室をそうじしよう。
　　B：はい、お父さん。

(5) A：映画館の前に立っている男の人を知っていますか。
　　B：はい。あれは私の先生です。

(6) A：マサコはパーティーに来ると思いますか。
　　B：来ると思います。彼女にたずねてみましょう。

(7) 昨日は私の誕生日でした。友人からたくさんの誕生日カードをもらったので、とてもうれしかったです。

(8) A：今週の土曜日のイベントに参加する予定ですか。
　　B：まだ決めていませんが、時間がとれれば行きます。

(9) A：新しい授業はすでに始まっていますか。
　　B：まだです。来週の月曜日に始まります。

(10) A：ここから図書館へはどう行ったらいいですか。
　　B：角を右に曲がって通りをまっすぐ行ってください。

(11) A：あなたは魚釣りが好きなんですよね。
　　B：はい、私の趣味です。1カ月に1度魚釣りに行きます。

(12) A：デザートにアイスクリームがほしいです。ジェーン、あなたはどうですか？
　　B：何を注文したらいいのかわかりません。

(13) 彼はほしかったラケットを見つけられなかったので、何も買わずに店を出ました。

(14) 道路で遊ぶのはとても危険です。

(15) A：もう1杯紅茶をいただけますか。
　　B：かしこまりました、お客様。

解説 (7) pleasedは「うれしい」という意味の形容詞です。(14) It is ... to 〜（〜することは…だ）の形の文です。

② 【解答】 (16) 2　(17) 1　(18) 2　(19) 3　(20) 3

【英文の意味】

(16) 女性1：バリ・デパートに買いに行きましょう。夏の大セールをやっているのよ。
　　女性2：（　　）たくさんのものが安くなっているでしょう。
　　1　私は黒いスニーカーが好きよ。
　　2　それはいいわね。
　　3　雨が降ってくるわよ。
　　4　それについてあなたに話すわ。

(17) 男の子：サラ、君はオーストラリアに1年いたんだってね。
　　女の子：そうなの。（　　）
　　1　私は英語を勉強するためにそこへ行ったの。
　　2　昨日は晴れだったわ。
　　3　私は友だちにメールを送ったわ。
　　4　私はドレスに100ドル費やしたわ。

(18) 男の子：昨日はいい時間を過ごしたよ。（　　）
　　女の子：本当？　私は一度も行ったことがないの。
　　1　叔父さんはぼくに親切だったんだ。
　　2　叔父さんはぼくをバスケットボールの試合に連れて行ってくれたよ。
　　3　ぼくは叔父さんと山へ行く予定だよ。
　　4　叔父さんはぼくに本箱を作ってくれたよ。

(19) 男性：スペインに行ったんですね。スペイン語を話せましたか？
　　女性：はい、（　　）
　　1　私はそれを話せませんでした。
　　2　私は英語を学びました。
　　3　私はそれを少し話せました。
　　4　私はスペイン語が好きではありませんでした。

(20) 男の子：彼女はどこの出身か知っている？
　　女の子：中国出身よ。（　　）
　　1　知らないわ。
　　2　彼女にたずねるべきよ。
　　3　あなたに彼女を紹介するわ。
　　4　彼女に話しかけたいわ。

解説 (18) have a good timeは「いい時間を過ごす」という意味。選択肢1のis[am, are] kind to 〜は「〜に親切にする」という表現です。

③Ⓐ 【解答】 (21) 2　(22) 1

【英文の意味】

学園祭のボランティアを募集

サザン高校では10月24日から10月26日まで学園祭を開催します。私たちの学校は毎年秋に学園祭を開催していて、多くの人がそれを楽しみにしています。今、私たちはイベントを企画し、実行することを助けてくれる

ボランティアを募集しています。

最初のミーティングは9月1日の午後3時から始めます。図書館の隣のミーティングルームで行われます。

もしボランティアとして働くことに興味がある場合は、トム・ピータースのtompeters@son.tc.comにメールをください。学園祭のためにボランティアとして働くことは記憶に残る経験となるでしょう。あなたと働けるのを楽しみにしています。

(21) 学園祭の期間はどれくらいですか。

　　1　2日間。
　　2　3日間。
　　3　5日間。
　　4　6日間。

(22) もしボランティアになることに興味があるなら、何をするべきですか。

　　1　トム・ピータースにメールを送る。
　　2　トム・ピータースに電話をする。
　　3　図書館に行く。
　　4　図書館員に話す。

解説 (21) from October 24 to 26とあります。
(22) please e-mail Tom Petersとあり、メールアドレスが掲載されています。

③B【解答】 (23) **2** (24) **1** (25) **3**
【英文の意味】
差出人：メグ
宛先：お母さん
日付：2024年8月8日、16時6分
件名：カエル

こんにちは、お母さん、

私は昨日ホストファミリーとすばらしい時を過ごしました。山田夫妻が車で私を海岸に連れて行ってくれたのです。そこでお昼を食べ、そしてレストランからきれいな海の景色を楽しみました。ところで、私は日本での夏のコースを本当に楽しんでいます。今月末、私は学校で何かおもしろいものを見せてそれについて話さなければなりません。私は何を話したらいいかと思っていて、私の小さな木のカエルをちょうど思い出しました。覚えていますか。叔父さんが3年前に私の誕生日プレゼントとしてそれを彫ってくれました。私はそれについてクラスで話したいので、航空便で私に送ってもらえませんか。それがどこにあるか知っていますか。私の部屋の、机の隣の本棚の上に置いてあります。卵くらいの大きさです。サマースクールが終わるまでにそれが必要なのです。
愛をこめて、メグより

差出人：お母さん
宛先：メグ
日付：2024年8月9日、20時45分

件名：ありがとう

こんにちは、メグ、

メールをありがとう。あなたが海岸に行ったと聞いてれしかったわ。日本でホストファミリーとすばらしいを過ごしているようですね！ ところで、カエルがどにあるか知っていますよ。小さいけどすばらしい彫りですね。クラスでそれについて話すのはいい考えですできるだけ早く航空便でそれを送ります。ニューヨーからそちらに着くのに1～2週間かかるかもしれませね。とにかく、いつあなたが受け取ることができるか便局の人に聞いてみますね。クラスメートがあなたのを楽しんでくれるといいですね。
愛をこめて、ママより

(23) メグのお母さんはどこにいますか。

　　1　彼女は日本にいます。
　　2　彼女はニューヨークにいます。
　　3　彼女は今メグと一緒に住んでいます。
　　4　彼女は山田夫妻と一緒に日本にいます。

(24) なぜメグはその木のカエルが必要なのですか。

　　1　彼女はそれについて話す予定です。
　　2　彼女はそれをクラスメートにあげる予定です。
　　3　彼女はそれにを山田夫妻にあげるつもりです
　　4　彼女はそれを自分の部屋に置く予定です。

(25) 木のカエルはどのくらいの大きさですか。

　　1　バスケットボールくらいの大きさです。
　　2　彼女の猫ぐらいの大きさです。
　　3　卵くらいの大きさです。
　　4　消しゴムと同じくらい小さいです。

解説 (23) メグのメールではわかりませんが、お母んからの返事でメグの家はニューヨークだとわかります。(25) カエルの大きさはthe size of an eggとります。

③C【解答】
(26) **3** (27) **4** (28) **1** (29) **2** (30) **1**
【英文の意味】
もったいない

ワンガリ・マータイはケニア出身の偉大な女性でした彼女は環境の保護やアフリカ人女性の人権のために、い間とても一生懸命活動しました。それらの理由から2004年、彼女はノーベル平和賞を受賞しました。

2005年2月、彼女は京都に来るよう招かれ、日本のもったいないという言葉を初めて聞きました。彼女その言葉が英語で「むだである」という意味だと知りした。また、彼女はその言葉が資源への尊敬の念が含れている言葉だとも知りました。彼女は「削減、再利用リサイクル」の3Rの考えを説明したとき、もったいいはこれらを説明する最適な言葉であると気づきました彼女はもったいないの考えに賛同したので、環境保護

ために世界中でもったいないキャンペーンを始めることを決意しました。2005年3月、国際連合で、彼女はもったいないについてスピーチを行いました。その後、もったいないは環境保護促進のための国際的なキーワードとなりました。

日本の人々もまた3Rの重要性を学びました。彼らはビニール袋の使用を削減するためにスーパーマーケットで「自分の袋を持ってくる」キャンペーンを始めました。ある日本のアパレル企業は、不要な服を集めるキャンペーンを始めました。その店はそれからそれらの服を世界中の必要としている人々に送っています。今では、プラスチック、ペットボトル、紙、かん、びんなどは分けて回収されています。また、ドイツやアメリカでは、「ギブボックス」と呼ばれる箱が不要なものを集めるために使われています。

ワンガリ・マータイのキャンペーンのおかげで、世界中のますます多くの人たちが環境の将来について考え始めました。

(26) ワンガリ・マータイがノーベル平和賞を受賞したのはいつでしたか。
1　2002年。
2　2003年。
3　2004年。
4　2005年。

(27) ワンガリ・マータイが日本語の言葉に感動したのはなぜですか。
1　彼女は「美しい」の意味を知ったからです。
2　彼女はもったいないが簡単な言葉だったと知ったからです。
3　たくさんの人々が「もったいない！」と言っていたからです。
4　彼女はもったいないの元の意味を知ったからです。

(28) ワンガリ・マータイがもったいないという言葉についてスピーチしたのはどこでしたか。
1　国際連合で。
2　ローマで。
3　ドイツで。
4　京都で。

(29) ビニール袋の使用を削減するために
1　プラスチックのお皿で売られている食べ物を買うべきです。
2　買い物に行くとき、自分の袋を持っていくべきです。
3　かんをほかのゴミと分別するべきです。
4　ペットボトルを回収するべきです。

(30) このお話は何についてのものですか。
1　ワンガリ・マータイの環境を守るためのキャンペーン。

2　ワンガリ・マータイのアフリカでの生活。
3　ワンガリ・マータイの世界中の旅。
4　ワンガリ・マータイのアフリカの家族。

❹【解答例】

It was sunny and a little hot. I liked the elephants the best. We saw a baby elephant. It was very cute! (22語)

【英文の意味】

こんにちは、
家族と一緒に動物園に行ったんだってね。そのことについてもっと知りたいな。お天気はどうだった？　それと、どの動物が一番気に入ったのかな。
あなたの友人、リサより

───────────────

こんにちは、リサ！
メールをありがとう。
晴れていて、ちょっと暑かったよ。私は象が一番好きだった。私たちは赤ちゃん象を見たんだ。とてもかわいかった！
じゃあね。

解説　1つ目の質問は天気を尋ねています。The weather was 〜 またはIt was 〜 の後に天気に関する形容詞を入れて答えることができます。2つ目の質問は、どの動物が一番好きだったかを聞いています。I liked 〜 the best.の文を使って、動物園にいる好きな動物を自由に答えましょう。

❺【解答例】

I want to be an English teacher in the future because I like to study English very much. Also, I am learning English from an American teacher and I respect him. (31語)

【英文の意味】

あなたは将来、何になりたい（どんな職業につきたい）ですか。
私は英語を勉強するのがとても好きなので、将来は英語の先生になりたいです。また、私はアメリカ人の先生から英語を習っていて、彼を尊敬しています。

解説　なりたい職業を問われているので、I want to be 〜 in the future（私は将来〜になりたい）という表現で書き出します。職業の単語の前にa／anをつけるのを忘れないようにしましょう。その後にbecause 〜（〜なので）、Also, 〜（また〜）などの表現を使って2つの理由を書きます。

Listening Test

☆=女性　★=男性

第1部 🎧84 【解答】

例題 **1** No. 1 **3** No. 2 **3** No. 3 **1** No. 4 **3**
No. 5 **3** No. 6 **1** No. 7 **3** No. 8 **2** No. 9 **3**
No. 10 **1**

【読まれた英文と意味】

例題：　★：I like dogs. (ぼくは犬が好きです)

　　　　☆：Me, too. (私もよ)

　　　　★：How about cats? (猫は?)

　　　　☆：1　I like cats, too. (猫も好きです)

　　　　☆：2　No, thank you. (けっこうです)

　　　　☆：3　See you later. (また後でね)

No. 1　☆：Those are nice sneakers. (すてきなスニーカーね)

　　　　★：Thank you very much. (どうもありがとう)

　　　　☆：Can I ask where you got them? (どこで買ったのか聞いていい?)

　　　　★：1　Thank you very much. (どうもありがとう)

　　　　★：2　They were heavy. (それらは重いよ)

　　　　★：3　Sure. I got them when I went to New York. (もちろん。ニューヨークに行ったときに買ったんだ)

No. 2　★：It's going to rain. (雨が降りそうですね)

　　　　☆：I think I should go home now. (今、家に帰るべきだと思います)

　　　　★：Do you want to use my umbrella? (私のかさを使いたいですか)

　　　　☆：1　It's time to go home now. (今家に帰る時間です)

　　　　☆：2　Mine is pink. (私のはピンクです)

　　　　☆：3　It's OK. I live near here. (大丈夫です。私はこの近くに住んでいます)

No. 3　☆：Do you have any plans for this Saturday, John? (ジョン、今週の土曜日は予定がある?)

　　　　★：I have to study for the English test. (英語のテストの勉強をしなくてはならないんだ)

　　　　☆：Oh, I forgot about that. Shall we go to the library to study together? (あら、忘れていたわ。図書館で一緒に勉強しない?)

　　　　★：1　OK. Let's meet at 1 o'clock. (いいよ。1時に会おう)

　　　　★：2　No. I'm going to the movie theater. (だめだよ。ぼくは映画館に行く予定なんだ)

　　　　★：3　Yes. My house is next to the libra (うん。ぼくの家は図書館の隣だよ)

No. 4　★：What are you cooking, Mom? (お母ん、何を作っているの?)

　　　　☆：I'm cooking some stew. (シチューを作ているの)

　　　　★：May I help you cut the vegetable (野菜を切るのを手伝おうか)

　　　　☆：1　Sure, Mom. (もちろん、お母さん)

　　　　☆：2　Not at all. (まったくないわ)

　　　　☆：3　Thank you. (ありがとう)

No. 5　☆：Bill, what are you going to do th summer? (ビル、この夏何をする予定の?)

　　　　★：I'm going to go to San Francisco wi my parents. (ぼくは両親とサンフランシコに行く予定だよ)

　　　　☆：I've been there. It's a nice place. (そに行ったことがあるわ。すてきな場所よ)

　　　　★：1　I went to San Francisco before. (前サンフランシスコに行ったよ)

　　　　★：2　I haven't decided yet. (まだ決めてないんだ)

　　　　★：3　Oh, really? I'm looking forward visiting there. (わあ、本当? そこ訪れるのが楽しみだよ)

No. 6　☆：Did you see the soccer game la Saturday? (先週の土曜日、サッカーの合を見に行ったの?)

　　　　★：Yes. I went with my father. (うん。おさんと行ったよ)

　　　　☆：How was it? (試合はどうだった?)

　　　　★：1　It was exciting. (とてもわくわくした♪

　　　　★：2　It was expensive. (高かったよ)

　　　　★：3　It was sunny. (晴れたよ)

No. 7　☆：Bob, how long does it take to get the museum? (ボブ、博物館までどのらいかかるの?)

　　　　★：It takes another twenty minutes. (あ20分かかるよ)

　　　　☆：Another twenty minutes! I'm tired. want to take a rest. (あと20分ですって疲れたわ。休みたいわ)

　　　　★：1　Yes, he does. (うん、彼は休みたいよ

　　　　★：2　Thank you very much. (どうもあがとう)

　　　　★：3　Me, too. (ぼくもだよ)

No. 8　★：Look. There are a lot of shells here this museum, Mom. (見て。お母さん

この博物館にはたくさんの貝がらがあるね）

☆：Yes, John. People used these shells as money. （そうね、ジョン。人々はこれらの貝がらをお金として使ったのよ）

★：Were these stones used as money, too? （この石もお金として使われたの?）

☆：1 No, there were a lot of stones. （いいえ、たくさんの石があったのよ）

☆：2 Yes, people also used beautiful stones instead of money. （ええ、人々は美しい石もお金の代わりに使ったのよ）

☆：3 Yes, there was a lot of money. （ええ、お金がたくさんあったのよ）

No. 9 ★：Mary, you're a good tennis player, aren't you? （メアリー、君はとても上手なテニスの選手だよね）

☆：Thanks, Jim. I practice hard. （ありがとう、ジム。一生懸命練習しているのよ）

★：How often do you practice? （どのくらい練習するの?）

☆：1 Twice a year. （1年に2回よ）

☆：2 From morning till night. （朝から晩までよ）

☆：3 Twice a week. （1週間に2回よ）

No. 10 ★：Hi, I saw you in the city park yesterday. （やあ、昨日君を市の公園で見たよ）

☆：Oh, really? I went there with my grandma. （まあ、本当? 祖母と行ったのよ）

★：Do you live with your grandmother? （おばあさんと一緒に住んでいるの?）

☆：1 No, but we live close to each other. （いいえ、でもお互いに近くに住んでいるの）

☆：2 She likes to walk in the park. （彼女は公園を歩くのが好きなの）

☆：3 No, but she's kind. （いいえ、でも彼女は親切よ）

解説 No. 1のCan I ask where ～?は「どこで～したのか」と相手に場所を聞く質問です。get は「買う、手に入れる」の意味です。No. 4の選択肢2のNot at all.は「まったくない」と言うときの表現です。No. 7は「同意」を表すとき、ふつうの文のときはMe, too.を使い、否定文のときはMe, neither.を使います。No. 8の選択肢2のinstead of ～は「～の代わりに」という意味。No. 9はHow often ～?と頻度（どのくらいの回数練習するか）を聞かれています。「一生懸命練習している」と答えていることから1年に2回ではないでしょ

う。「朝から晩まで」というのもHow often ～?の答えとしてはふさわしくありません。No. 10の選択肢1のclose to ～は「～の近くに」という意味です。

第2部 🎧85 【解答】

No. 11 **2** No. 12 **4** No. 13 **3** No. 14 **2**
No. 15 **1** No. 16 **3** No. 17 **1** No. 18 **3**
No. 19 **2** No. 20 **1**

【読まれた英文と意味】

No. 11 ★：Excuse me. I'm looking for a suitcase. （すみません。スーツケースを探しているのですが）

☆：Certainly, sir. Please take the escalator to the fifth floor. The travel corner is on your right. （かしこまりました、お客様。エスカレーターで5階へ行ってください。トラベルコーナーが右手にあります）

★：Thank you. And how can I get to the bank to exchange money? （ありがとう。そしてお金を両替するために銀行へはどのように行ったらいいですか）

☆：The bank is on the first floor. （銀行は1階にございます）

◆Question

Why does the man want to go to the bank? （男性はなぜ銀行に行きたいのですか）

1 スーツケースを探すため。
2 お金を両替するため。
3 食料を買うため。
4 飛行機のチケットを買うため。

No. 12 ☆：David, I'll give you a ride to school today because it's raining. Are you ready? （デビッド、雨だから今日は車で学校まで送ってあげるわよ。準備はいい?）

★：Thank you, Mom. Please wait a minute. （ありがとう、お母さん。少し待っていてください）

☆：OK. （いいわよ）

★：I'll get a jacket. It's very cold today. （ジャケットを取ってくるよ。今日はとても寒いから）

◆Question

What will David's mother do for David? （デビッドのお母さんはデビッドに何をしてあげますか）

1 デビッドが着替えるのを手伝ってあげます。
2 デビッドに朝食を作ってあげます。
3 デビッドを図書館まで車で送ってあげます。
4 デビッドを学校まで車で送ってあげます。

No. 13 ★：Did you go anywhere during the

vacation, Ann?（アン、休暇中にどこか
に行った？）

☆：Yes. I visited Italy.（ええ。イタリアに行っ
たわ）

★：Really? I've been there three times,
because I love watching soccer
games.（本当？　ぼくはそこに3回行った
よ、サッカーの試合を見るのが大好きだか
らね）

☆：Wow, that's a lot. I'd love to go to Italy
again next summer.（わあ、そんなにたく
さん。来年の夏、またイタリアに行きたいわ）

◆Question

How often has the man been to Italy?（男
性は何回イタリアに行きましたか）

1　1回。
2　2回。
3　3回。
4　4回以上。

No. 14 ★：Wow, you can speak English very
fluently, Mika.（わあ、あなたは英語をと
ても流ちょうに話せますね、ミカ）

☆：I lived in England when I was a child.
（子どものときイングランドに住んでいま
した）

★：How long did you live there?（どのく
らいそこに住んでいたのですか）

☆：I lived there for five years, from when
I was 6 to 11 years old.（6歳から11歳
まで5年間住んでいました）

◆Question

How long did Mika live in England?（ミカ
はどれくらいイングランドに住んでいましたか）

1　3年間。
2　5年間。
3　10年間。
4　11年間。

No. 15 ★：We're going to the museum near the
station this Sunday. Would you like to
join us?（私たちは今度の日曜日、駅の近
くの博物館に行く予定です。一緒に行きま
せんか）

☆：Sounds great. I've wanted to go to
that museum.（いいですね。ずっとその
博物館に行きたかったのです）

★：We're meeting in front of the museum
at eleven. Can you make it?（11時に
博物館の前で会うことになっています。来
ることができますか）

☆：Sure, I'll be there at eleven.（もちろ
11時にそこへ行きます）

◆Question

Where are they going to meet?（彼らに
こで会いますか）

1　博物館の前で。
2　博物館の中で。
3　家で。
4　博物館の近くで。

No. 16 ☆：How was the math test last Mond
Andy?（アンディ、先週の月曜日の数学
テストはどうだった？）

★：It was difficult, but I was able
answer all of the questions.（難した
たけど、全部の質問に答えることができ
よ）

☆：Good for you. I know you studied v
hard for the test.（よかったね。すごく
んばってテストの勉強をしていたよね）

★：Yes, math is difficult, but I'm enjoy
studying it.（うん、数学は難しいけ
勉強を楽しんでいるよ）

◆Question

When did Andy take the math test?（い
アンディは数学のテストを受けましたか）

1　彼はそれを先月受けました。
2　彼はそれを来月受けます。
3　彼は先週の月曜日にそれを受けました。
4　彼は来週の月曜日にそれを受けます。

No. 17 ★：Let's buy a birthday present for Mik
（マイクに誕生日プレゼントを買いましょ

☆：OK. He likes reading books, so h
about buying him a book?（いいて
ね。彼は本を読むのが好きだから、本を
うのはどうでしょうか）

★：That's a good idea. I've heard he lik
novels, so let's buy him a novel.（い
考えですね。彼は小説が好きだと聞いた
で小説を買いましょう）

☆：OK, then let's go to a bookstore th
weekend.（わかりました、それなら今
末に本屋へ行きましょう）

◆Question

What are they going to buy for Mike?（
らはマイクに何を買うつもりですか）

1　小説。
2　DVD。
3　誕生日カード。
4　多くの本。

No. 18 ☆：Excuse me. Can you show me how to get to the city library? （すみません。市立図書館にはどう行ったらいいか教えてもらえますか）

★：Sure, I'm going there, too. Let's go together. （もちろんです、私もそこに行きます。一緒に行きましょう）

☆：Thank you. I was walking around, but I couldn't find the library. （ありがとう。あちこち歩き回っていたのですが、その図書館を見つけることができませんでした）

★：It's difficult to find it because it's behind a tall building. （それは高いビルの後ろにあるので見つけにくいのです）

◆Question

Why is it difficult to find the library? （なぜ図書館を見つけるのが難しいのですか）
1 とても小さいので。
2 夜なので。
3 高いビルの後ろにあるので。
4 公園の中にあるので。

No. 19 ☆：Wow. What a beautiful sea! I can see a lot of fish in the sea. （わあ。なんて美しい海なんでしょう！ 海の中にたくさんの魚が見えるわ）

★：Yes, we're lucky to have a beautiful sea with a lot of fish. （そうなんです、たくさんの魚がいる美しい海があって幸運です）

☆：Do you go fishing? （魚釣りに行きますか）

★：No, I don't, but my father does. （いいえ、私は行きませんが、私のお父さんは行きます）

◆Question

Who goes fishing? （だれが魚釣りに行きますか）
1 男の人です。
2 男の人のお父さんです。
3 女の人です。
4 女の人のお父さんです。

No. 20 ☆：Kent, bring me a towel, please. I'm washing Max. （ケント、お願い、タオルを持ってきて。マックスを洗っているの）

★：Sure, Mom. Which towel do you want? There are a lot of towels here. （もちろん、お母さん。どのタオルがいいの？ ここにはたくさんタオルがあるよ）

☆：Is there an orange towel or a yellow towel there? Both towels are for our dog. （そこにオレンジのタオルか黄色のタ

オルがある？ 両方とも犬用よ）

★：Yes. I'll bring the yellow towel, then. （わかった。それじゃ、黄色のタオルを持って行くよ）

◆Question

What is Kent's mother doing? （ケントのお母さんは何をしているのですか）
1 彼女はマックスを洗っています。
2 彼女はタオルを洗っています。
3 彼女はオレンジジュースを作っています。
4 彼女は絵を描いています。

解説 No. 11のto exchange moneyは「両替りのために」という意味です。No. 12のgive you a rideは「車で送って行く」の意味です。No. 19は、男の人が「私は行きませんが、お父さんは行きます」と答えています。

第3部 🎧86 【解答】

No. 21 **3**　No. 22 **2**　No. 23 **3**　No. 24 **4**
No. 25 **2**　No. 26 **3**　No. 27 **3**　No. 28 **3**
No. 29 **1**　No. 30 **4**

【読まれた英文と意味】

No. 21 In my family, we share the housework. My mother cooks breakfast and dinner. My father cleans the bathroom. My older brother puts the garbage out. I help my mother wash the dishes. （ぼくの家族では家事を分担しています。母は朝ごはんと夕ごはんを作ります。父は浴室をそうじします。兄はゴミ出しをします。ぼくは母の手伝いでお皿を洗います）

◆Question

Who puts the garbage out? （だれがゴミを出しますか）
1 彼のお母さん。
2 彼のお父さん。
3 彼のお兄さん。
4 家族で一番若い息子。

No. 22 Cathy spent a lot of money in New York. First, she bought a dress for $400. Next, she spent about $600 on food and souvenirs. Finally, she paid $800 for the hotel. （キャシーはニューヨークでたくさんお金を使いました。最初に、400ドルでドレスを買いました。次に食べ物と土産品で600ドル使いました。最後にホテル代を800ドル払いました）

◆Question

How much money did Cathy pay for the hotel? （キャシーはホテル代にいくら払いまし

たか）

1 1,200ドル。

2 800ドル。

3 600ドル。

4 400ドル。

No. 23 Now, here is the world weather. In London, at 8 a.m. on the 25th, it's cloudy. In Tokyo, at 5 p.m. on the 25th, it's sunny. In Honolulu, at 10 p.m. on the 24th, it's sunny. （それでは世界の天気をお伝えします。ロンドンは25日午前8時現在、くもりです。東京は25日午後5時、晴れています。ホノルルは24日午後10時、晴れています）

◆Question

What time is it in Honolulu now? （ホノルルは今何時ですか）

1 25日午前8時。

2 25日午後5時。

3 24日午後10時。

4 25日午前4時。

No. 24 Attention, please. Flight 301 to Honolulu has been canceled because of engine trouble. All passengers taking this flight can get a free meal and hotel coupon. Please come to the D counter to get this coupon. Thank you. （お知らせいたします。ホノルル行き301便はエンジンの故障のために欠航となりました。このフライトに乗る予定のすべてのお客様は無料の食事券とホテルのクーポンをもらうことができます。Dカウンターまでお越しになり、受け取ってください。ありがとうございます）

◆Question

Where is the woman talking? （女性はどこで話をしていますか）

1 駅で。

2 バスのターミナルで。

3 病院で。

4 空港で。

No. 25 Thank you for shopping at Smile Supermarket. We'll close in 30 minutes. Our opening hours are from 10 a.m. to 8 p.m. on weekdays and from 10 a.m. to 9 p.m. on weekends. Thank you. （スマイルスーパーマーケットでお買い物いただきありがとうございます。あと30分で閉店となります。営業時間は平日は午前10時から午後8時まで、週末は午前10時から午後9時までです。ありがとうございます）

◆Question

What time does this store close weekends? （週末、このお店は何時に閉まますか）

1 午後8時に閉店します。

2 午後9時に閉店します。

3 午前10時に開店します。

4 30分間開店します。

No. 26 I took part in the soccer game l Sunday. Our team won the game, one player was injured during the gar We hope she'll get better soon. （私は5の日曜日、サッカーの試合に参加しました。たちのチームは試合に勝ちましたが、ひとり選手が試合中にけがをしました。私たちは彼が早くよくなるように願っています）

◆Question

What happened during the game? （試中に何が起こりましたか）

1 ひとりの選手が試合に勝ちました。

2 私はサッカーゲームに参加しました。

3 ひとりの選手がけがをしました。

4 私たちが勝つことを願っていました。

No. 27 My father has a lot of hobbies. He lik to do sports, so he often goes to p tennis or golf. He also likes cooking, a he can cook many different kinds dishes. （ぼくの父には多くの趣味がありま彼はスポーツをするのが好きで、よくテニスゴルフをしに出かけます。彼はまた料理が好で、さまざまな料理が作れます）

◆Question

What is the boy talking about? （少年はについて話していますか）

1 彼の趣味。

2 彼のお父さんの仕事。

3 彼のお父さんの趣味。

4 スポーツ。

No. 28 Last week, my parents and I went to t zoo. I saw a lot of animals. I sa elephants, tigers, lions and giraffe Though the lions were sleeping, I w excited to see them. （先週、両親と私は物園に行きました。私はたくさんの動物を見した。ゾウ、トラ、ライオン、キリンを見また。ライオンは寝ていましたが、それらを見わくわくしました）

◆Question

Which animals were sleeping? （どの動

が寝ていましたか）

1　ゾウ。

2　トラ。

3　ライオン。

4　キリン。

No. 29　Good afternoon, class! Nice to meet you. I'm John Percy. I'm from the U.S. I just graduated from college last month. I'm your English teacher. Let's enjoy speaking in English. （クラスのみんな、こんにちは！はじめまして。私はジョン・パーシーです。私はアメリカから来ました。先月大学を卒業したばかりです。私があなたたちの英語の先生です。楽しく英語を話しましょう）

◆Question

When did John graduate from college? （ジョンはいつ大学を卒業しましたか）

1　先月。

2　昨年。

3　先週。

4　先週の月曜日。

No. 30　There are a lot of people who love cats very much. My aunt is one of them. She keeps three cats and takes care of them. She always carries some pictures of her cats. （猫が大好きな人はたくさんいます。私の叔母さんもそのひとりです。彼女は猫を3匹飼っていて、彼らの世話をしています。彼女はいつも自分の猫の写真を持ち歩いています）

◆Question

What does the girl's aunt carry all the time? （少女の叔母さんはいつも何を持ち歩いていますか）

1　彼女の猫。

2　猫用の寝袋。

3　彼女のバッグ。

4　猫の写真。

解説　No. 28のThough ～は「～だけれども」、am [is, are] excited to ～は「～してわくわくした」という意味です。No. 29はgraduate from ～で「～を卒業する」の意味です。No. 30のpictureは「絵」という意味もあります。

143～144ページ

面接問題にチャレンジ!!

| 面接練習カード1 | 🎧 87 | 🎧 88 |

【解答例と意味】

No. 1　They like to watch baseball on TV. （野球

をテレビで見るのが好きです）

No. 2　There are six people. （6人です）

No. 3　She has a ball (in her hand). （ボールを[手に]持っています）

No. 4　Yes, I do. （はい、好きです）　I often play tennis with my sister. （私は姉[妹]とよくテニスをします）／No, I don't. （いいえ、好きではありません）

I'm not good at sports. （スポーツが得意ではありません）

No. 5　My hobbies are playing tennis and reading books. （私の趣味はテニスをすることと本を読むことです）

解説　No. 1：「何を見るのが好きか（What）」と聞いているので、Some peopleをTheyに置きかえて答えましょう。No. 2：「いくつ（How many）と聞いているので、野球をしている人（女の子を除く）の数を答えます。Six people are playing baseball.と答えてもいいでしょう。No. 3：これもWhatで聞いているので、the girlをsheに置きかえ、手に持っている物を答えます。ballの前のaを忘れないようにしてください。No. 4：Do you ～?と聞いているので、まずはYesかNoかで答え、「もう少しお話ししてください」に対しては、なぜそうなのかなどを話すといいでしょう。No. 5：趣味がひとつならMy hobby is -ing.です。

【パッセージの意味】

野球

野球は日本で人気のあるスポーツのひとつです。多くの中学校や高校に野球部があります。野球をテレビで見るのが好きな人もいます。野球ファンの中にはスタジアムでの試合を見に行く人もいます。

【読まれた質問と意味】

☆　Please read it aloud. （声に出して読んでください）

No. 1　Please look at the passage. What do some people like to watch on TV? （パッセージを見てください。人々はテレビで何を見るのが好きですか）

No. 2　Please look at the picture. How many people are playing baseball in the playground? （絵を見てください。運動場で野球をしている人は何人いますか）

No. 3　Please look at the girl sitting on the bench. What does she have in her hand? （ベンチに座っている女の子を見てください。手に何を持っていますか）

☆　Please turn the card over. （カードを裏返してください）

No. 4　Do you like sports? （スポーツは好きですか）

Please tell me more. (もう少しお話しして
ください)

No. 5 What are your hobbies? (あなたの趣味は何
ですか)

【解答例と意味】

No. 1 They have bread and coffee (for
breakfast). ([朝ごはんに] パンを食べたり
コーヒーを飲んだりします)

No. 2 There are five eggs. (5つあります)

No. 3 He's looking at his watch. (彼は腕時計を見
ています)／He's checking the time. (時間
を確認しています)

No. 4 Yes, I did. (はい、食べました) I had orange
juice and bread. (オレンジジュースとパンを
食べました)／No, I didn't. (いいえ、食べま
せんでした) I wasn't hungry. (おなかがすい
ていませんでした)

No. 5 I like bread better. (私はパンのほうが好きで
す)／I like rice better. (私はごはんのほうが
好きです)

Bread：Because I can finish it quickly.
(早く食べ終わるからです)

Rice：Because rice is healthy. (ごはんは
健康的だからです)

解説 No. 1：haveは、breadとcoffeeの両方を兼
ねた動詞です。Some peopleをTheyに置きかえて答
えましょう。No. 2：「いくつ (How many)」と聞い
ているので卵の数を答えます。No. 3：is he -ing?の
形の質問なので、答えもHe is(He's) -ingで答えましょ
う。No. 4：Did you ～?と聞いているので、まずは
YesかNoかで答え、その後は何を食べたのか、なぜ食
べなかったのかなどを話しましょう。No. 5：「どちら
か (Which)」を聞いているのでI like bread/riceの後
にbetterをつけ、理由はBecauseから始まる文で述
べましょう。

【パッセージの意味】

朝

朝はすることがたくさんあります。人々は顔を洗ったり、
歯を磨いたりします。最近、若い人たちはシャワーを浴
びます。朝ごはんにパンを食べてコーヒーを飲む人もい
ます。

【読まれた英文と意味】

★ Please read it aloud. (声に出して読んでく
ださい)

No. 1 Please look at the passage. What do
some people have for breakfast? (パッ
セージを見てください。人々は朝ごはんに何を
飲んだり食べたりしますか)

No. 2 Please look at the picture. How ma
eggs are there on the table? (絵を見て
ださい。テーブルに卵はいくつありますか)

No. 3 Please look at the man. What is
doing? (男の人を見てください。彼は何を
ていますか)

★ Please turn the card over. (カードを裏返
てください)

No. 4 Did you have breakfast this morning?
朝、朝ごはんを食べましたか)

Please tell me more. (もう少しお話しし
ください)

No. 5 Which do you like better, bread or r
for breakfast? (朝ごはんではパンとごはん
どちらがより好きですか)

Why? (それはなぜですか)

特典コード

アプリ booco で電子書籍版とアプリ学習機能を無料で利用するには、検索した書籍画面の「コード適用」ボタンをタップし、右の特典コードを入力してください。詳細は本冊12ページをご覧ください。

特典コード

XDRs3mws

新・小学生の英検 3 級合格トレーニングブック
【新形式対応版】
別冊：解答解説と全文和訳

PC：7024088